Johannes Willms

Gebrauchsanweisung für Frankreich

PIPER
München Berlin Zürich

Mehr über unsere Autoren und Bücher:
www.piper.de

ISBN 978-3-492-27544-6
6. Auflage 2016

Karte: cartomedia, Karlsruhe
Gesamtherstellung: CPI books GmbH, Leck
Printed in Germany

Inhalt

An welchen Äußerlichkeiten erkennt man einen Franzosen? 7
Oh, là là! Die Französin 30
Wer in Frankreich lebt, darf es nicht eilig haben oder Savoir vivre 40
Die Küche oder Essen als heiliges Ritual der Geselligkeit 62
Kein Thema ist so unerschöpflich wie dieses: toujours l'amour 79
Die kleinste Weltstadt, die größte Ausstrahlung: Paris 95
Die Provinz: arme Verwandte oder das eigentliche Frankreich? 113
Jahrmarkt der Eitelkeiten mit intellektuellem Anspruch: Saint-Germain-des-Prés 132
La Grandeur oder Der Mythos von der wahren und dauerhaften Größe 150
Nur wer sich wandelt, bleibt sich treu: die Republik 171

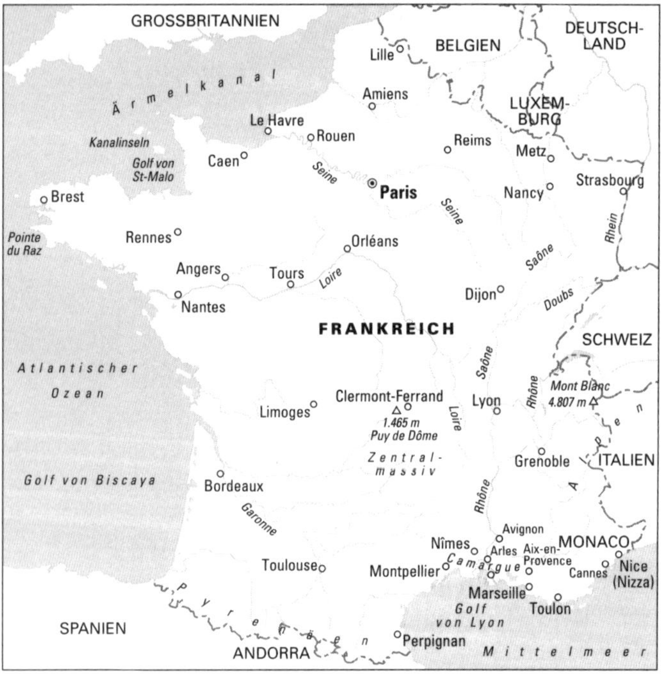
GROSSBRITANNIEN
BELGIEN
DEUTSCH-LAND
LUXEM-BURG
Ärmelkanal
Lille
Amiens
Kanalinseln
Le Havre
Rouen
Reims
Metz
Golf von St-Malo
Caen
Seine
Paris
Nancy
Strasbourg
Brest
Seine
Rhein
Pointe du Raz
Rennes
Orléans
Saône
Angers
Tours
Loire
Dijon
Doubs
Nantes
FRANKREICH
SCHWEIZ
Atlantischer Ozean
Saône
Clermont-Ferrand
Mont Blanc 4.807 m
Rhône
Limoges
1.465 m Puy de Dôme
Loire
Lyon
Alpen
Zentral-massiv
Grenoble
ITALIEN
Golf von Biscaya
Bordeaux
Rhône
Garonne
Avignon
Nîmes
Arles
Aix-en-Provence
MONACO
Camargue
Toulouse
Montpellier
Cannes
Nice (Nizza)
Marseille
Toulon
Pyrenäen
Golf von Lyon
SPANIEN
Perpignan
ANDORRA
Mittelmeer

An welchen Äußerlichkeiten erkennt man einen Franzosen?

Zu den weltweit verbreiteten typischen Merkmalen des Franzosen zählen die Baskenmütze, die unter dem Arm getragene Weißbrotstange, die *baguette*, sowie der an der Unterlippe klebende Zigarettenstummel. Die Französin hingegen ist elegant und raffiniert gekleidet, gilt zumeist als kapriziös, bisweilen auch als energisch und ist von einem sehr ansprechenden Äußeren, für das, je nach Geschmack, Brigitte Bardot oder Fanny Ardant, Jeanne Moreau oder Emmanuelle Béart als Vorbild dienen.

Es ist also vor allem das Kino, dem wir unsere Stereotypen über die Franzosen verdanken, weshalb einem Nicht-Franzosen der Schauspieler Jacques Tati beispielsweise als ganz und gar echter Franzose gilt. Der tritt zwar nie mit einer Baskenmütze, sondern mit einem Hut auf, und statt der *baguette* trägt er selbst bei strahlendem Wetter einen zusammengerollten Regenschirm unterm Arm. Auch sieht man ihn nie mit Zigarette, sondern mit einer Pfeife. Warum also gilt Tati als die Verkörperung des typischen Franzosen? Vermutlich wegen seiner hageren Gestalt, die der stets zu kurze Popelinmantel noch betont. Vor allem dürfte es seine Haltung sein, insbesondere sein vorgeschobener Kopf, der seinem Gang etwas Staksiges und Zögerndes verleiht, ganz so, als mühte er sich, eine extreme Kurzsichtigkeit zu überspielen.

Selbstverständlich verkörpert Tati eine Karikatur, stellt sein Agieren eine Überzeichnung dar. Fragt sich nur, wovon? In Frankreich jedenfalls sind seine Filme weitaus weniger beliebt als im Ausland. Können die Franzosen also nicht über sich selbst lachen? Doch, das können sie zweifelsohne, aber eben nicht unbedingt in seinem Fall, was damit zusammenhängen dürfte, daß sie sich in ihm nicht wiedererkennen.

Ganz anders hingegen verhält es sich mit Asterix, der neben General de Gaulle der weltweit bekannteste Franzose unserer Zeit ist. Wollte man aus dieser Feststellung jedoch die Vermutung ableiten, beide seien irgendwie gleichermaßen repräsentativ für das Selbstbild, das die Franzosen von sich haben, so irrte man sehr. De Gaulle wird als einsame Ausnahmeerscheinung, als ein für das Land glücklicherer Widergänger Napoleons bewundert, über dessen bekanntes und bisweilen sehr exzentrisches Gebaren man sich oft und gern, aber stets respektvoll amüsiert. Mit Asterix hingegen, den man aber keinesfalls als einen Gegenentwurf zum General mißverstehen darf, können sich die Franzosen vorzüglich identifizieren, weil er ihnen als ihr mild-ironisches Spiegelbild gilt.

Als Karikatur findet Asterix deshalb soviel Anklang, weil er in sich alle Gegensätze, Vorzüge und Nachteile, die sich die Franzosen gerne selbst nachsagen, verkörpert. Zwar ist er eher häßlich und entschieden kleinwüchsig, dafür aber auch listenreich und verschlagen, stets tapfer und nie unterzukriegen. Seine ganze Erscheinung ist von geradezu außergewöhnlicher Durchschnittlichkeit, und schon gar nichts in seinem Auftreten und Gebaren verrät etwas von den Eigenschaften, die in ihm schlummern. Dem entspricht sein Herkommen: Es ist keineswegs die Stadt, schon gar nicht Paris, sondern die Provinz, das kleine Dorf, das irgendwo in den Weiten Frankreichs verloren liegt. Um so mehr aber ist er ein aufrechter Gallier, ein Franzose schlechthin, einer, der sich nicht fürchtet, allein die Welt in die Schranken zu fordern, selbst wenn die Hölle voller Römer wäre. Eben die stehen ein für das andere, das Fremde, das Nicht-Französische, über das Asterix ebenso seinen Spott ausgießt wie über die allzu hohe Meinung seiner Landsleute von sich selbst und über die von ihnen bewunderten Leistungen wie die angeblich nur sie auszeichnenden Vorzüge.

Asterix ist nicht zuletzt auch deshalb so populär, weil er auf ausnahmslos alles, was französischen Schulkindern an Vorbildlichem über das eigene Land und dessen Geschichte eingetrichtert wird, die Parodie bietet. Ein Mantra des einst selbst in den entlegensten französischen Kolonien gelehrten Grundschulpensums lautete: »Unsere Vorfahren, die Gallier...« Eine andere, durch ständige Wiederholung zur Gewißheit gehärtete Behauptung stellt die ebenfalls durch Schulerziehung eingeimpfte und deshalb weitverbreitete Selbsteinschätzung dar, besonders logisch und rational zu sein, zu der sich auch Asterix voller Stolz bekennt, um dann nur zu häufig diesen Anspruch durch sein Tun und Lassen zu widerlegen.

Daß die Franzosen keineswegs logischer oder rationaler begabt sind als andere Völker, davon kann jeder ein Lied singen, der die Hilfe von Handwerkern braucht. Als wir unsere Pariser Wohnung durch den Erwerb eines ihr unmittelbar benachbarten Einzimmerappartements vergrößern konnten, zeigte sich, daß dessen Boden eine gute Handbreit tiefer lag. Den Parkettleger focht dies nicht an, wollte der doch ohne weitere Überlegung den Höhenunterschied durch eine Schwelle, über die man immer stolpern würde, betonen. Das ließ sich gerade noch dadurch vereiteln, daß man ihn auf die wesentlich elegantere und vor allem jede Stolpergefahr bannende Lösung aufmerksam machte, die Niveaudifferenz durch einen Lattenrost und Sperrholzplatten, auf denen das Parkett verlegt wurde, auszugleichen.

Dieses Beispiel verrät viel über das Geheimnis des gewachsenen urbanistischen Charmes von Paris, der sich allzu häufig solcher Flickschusterei verdankt, die von einer wahrhaft nationalen Leidenschaft, der *bricolage*, kündet, die eigenen vier Wände durch Handwerkelei und Bastelei nicht nur zu verschönern, sondern vor allem den zur Verfügung stehenden knappen Raum optimal auszunutzen. Die französische »Wohnkultur« ist ein weites Feld, dessen Erforschung und Darstellung ein eigenes Buch rechtfertigte. Allerdings bräuchte es dazu vermutlich lebenslangen Forscherfleiß, denn kaum etwas sonst wird in Frankreich dem Auge eines anderen so gut verborgen wie die eigene Wohnung. Wie es darin für gewöhnlich aussieht, darüber liefert kein Film Aufschluß.

Unlängst wurden wir im *Bistrot* unfreiwillig Ohrenzeuge eines Gesprächs, dem wenigstens ein Fingerzeig zu entnehmen war. Der Termin der Hochzeit der Tochter nahte. Das Datum stand zwar schon seit längerem fest, und eigentlich hatte man sich darauf auch vorbereiten wollen, aber ... Natürlich hatte man noch nichts unternommen. Gewiß, ein Restaurant für die Feier war reserviert, ein Menü bestellt worden. Allein in der Wohnung war nichts passiert, war die aus diesem Anlaß beabsichtigte gründliche Renovierung ein ums andere Mal aufgeschoben worden und jetzt war es zu spät, damit überhaupt noch beginnen zu wollen. Was also tun, wenn die künftigen Schwiegereltern der Tochter zu Besuch kämen? Welchen Eindruck würden diese haben? Eine schier ausweglose Situation, aber der Gesprächspartner wußte dennoch guten Rat. Es genüge völlig, so meinte der, wenn man lediglich die Seiten der Türen neu streiche, die den Eltern des Bräutigams notwendig bei ihrem Höflichkeitsbesuch ins Auge fielen. Das mache allemal einen guten Eindruck, der seine Wirkung gewiß nicht verfehle ...

Der Selbstanspruch, siehe den Parkettleger, ist das eine, die Wirklichkeit das andere. Da sich die daraus resultierenden vielfältigen Widersprüche kaum in einer Person glaubwürdig

Sprache ein Wesen von nicht zu bändigender Vitalität ist. Das »klassische« Französisch, die Sprache Racines und Voltaires, machte eine auf Zentralisierung und Uniformierung eingeschworene Verwaltung zur Regel. Das Gesprochene und Geschriebene sollte damit dem vorherrschenden klassizistischen Kunstideal entsprechen, das eine verbindliche und harmonische Weltsicht darstellte, die sich als Zivilisation qualifizierte.

Dieser Anspruch war natürlich viel zu elitär, um jemals allgemeine Geltung zu erlangen. Deshalb bedient man sich längst vieler sozial- oder altersspezifischer »Umgangssprachen«, mit denen sich die je besonderen Perspektiven und Lebenswirklichkeiten viel angemessener ausdrücken lassen. Ebenso vergebens sind auch alle Kreuzzüge, zu denen französische Sprachpuristen gegen das *franglais*, das Eindringen englischer Wörter und Wendungen in die Umgangssprache aufrufen. Wer allen Ernstes vorschlägt, beispielsweise statt »striptease« das klassisch-französische *effeuillage* oder gar *chatouille-tripes* zu verwenden, macht sich nur lächerlich.

Einen Nicht-Franzosen, selbst wenn er die Sprache gut beherrscht, quält aber weniger das ausgepichte und regelstolze französische Sprachbewußtsein als vielmehr das damit eng verknüpfte Behagen, mit der eigenen Sprache zu jonglieren, ihr ständig neue Facetten, Nuancen oder verborgene Bedeutungen abzuluchsen oder manches mit anderen Worten einfach doppelt, wenn nicht gar dreifach zu sagen. Nicht selten wird diese selbstverliebte Sprachartistik so weit getrieben, daß der zur Rede stehende Gegenstand hinter dem funkelnden und blitzenden Wortfeuerwerk verschwindet oder von einem undurchdringlichen Bedeutungsdunkel verschluckt wird.

Für ersteres liefern vorzügliche literarische Debatten reiche Anschauung, das zweite widerfährt einem häufig bei der Lektüre so eminenter Geister wie Jacques Lacan, Roland Barthes oder Jacques Derrida. Mitunter wandelt einen dabei auch der Verdacht an, mitverantwortlich für solche Dunkelheit sei die

Rezeption deutscher Philosophen wie Heidegger, Husserl oder Hegel, deren Sprachgestus und Begrifflichkeit einem Franzosen als reiner Horror erscheinen müssen. Vergleichsweise einfach läßt sich hingegen die Sprache »dekodieren«, derer sich Politiker oder Firmenchefs bedienen, wenn sie sich um eine möglichst unverfängliche, unverbindliche oder schlicht ihren Gegenstand verschleiernde Ausdrucksweise bemühen. Das Gegenstück zum »Amtsdeutsch«, dessen schauerlichste Erfindung der Begriff »Endlösung« und dessen noch heute beliebtestes Verb »durchführen« ist, heißt im Französischen »langue de bois«, wörtlich übersetzt »Holzsprache« oder »hölzerne Sprache«.

Neben der virtuosen Beherrschung der Sprache gilt als zweiter wichtiger Aspekt des französischen Zivilisationsideals, daß der Franzose eine besondere künstlerische Ader hat. Alles, dem er im Leben begegnet, möchte er durch Kunst adeln, in eine Form und Ordnung bringen und ornamental verschönern. Schönheit fällt dabei in eins mit Regelmäßigkeit, mit Übersichtlichkeit. Kurz, es gilt: *beauté c'est clarté*, was soviel bedeutet, daß äußere und innere, ästhetische und moralische Schönheit ihren vollkommenen Ausdruck in geistiger wie formaler Klarheit und Nüchternheit, mit einem Wort in »Vernunft« finden. Die französische Idee der Zivilisation erfüllt sich darin, daß der Mensch der Natur seinen Willen aufzwingt, sie nach seinem Verständnis und Geschmack zu formen sucht. Die Zivilisation begreift den Menschen als selbstbewußtes Werkzeug, die Kräfte der Natur zu zähmen, zu ordnen, sich dienstbar zu machen zu Zwecken, die er ihnen setzt und die vor dem Urteil der Vernunft, das weder Überraschungen duldet noch gar Abweichungen von ihrer Norm, bestehen müssen.

Am bekanntesten für diesen alle Abschweifungen verbietenden »Klassizismus« unbedingter Ausdrucksstrenge, in dem sich die *discipline de la civilisation* ausspricht, sind die streng geometrischen Gartenanlagen mit ihren zirkulären Rabatten,

Kugelbäumen und grünen Heckenmauern, ihren illusionistischen Perspektiven und künstlichen Einsamkeiten, die das Unordentliche der Natur der Ordnung der Vernunft, der Zivilisation, dem Selbstbild des Menschen unterwerfen.

Ein anderes Beispiel bieten die strengen Linienführungen der Haussmannschen Hausfassaden, die zahlreichen Pariser Straßenzügen ihr unverwechselbares Gepräge geben und deren Zierat sich am strengen Kanon eines entsprechenden Musterbuchs orientiert. Daher erfreuen sich in Frankreich wie nirgendwo sonst »Stilmöbel« einer großen, bis heute ungebrochenen Beliebtheit. Mit dem zivilisatorischen Fetisch der *clarté*, der sich solchermaßen auch dem billigsten Möbelstück mitteilt, das auf Louis XIII., XIV., XV., XVI. oder Empire furniert und gedrechselt ist, kann deshalb selbst die kleinbürgerlichste französische Wohnstube prunken.

Eine unübersehbare Verfallserscheinung dieses durch ein »klassizistisches« Schönheitsideal regulierten Kunstwollens stellt jedoch jene Möblierung mit allerhand Artefakten dar, die überall in Frankreich an den Rändern der Autobahn zu gewärtigen sind: geometrische Formen, mit unauffälligen Farben bemalt, über deren Bewandtnis oder künstlerische Aussage man lange grübelt, ohne je zu einem schlüssigen Ergebnis zu kommen. Es handelt sich dabei um eine Art »Autobahnkunst«, die man beim Vorbeirauschen nur deshalb im Augenwinkel flüchtig wahrnimmt, weil sie zu den Blutspuren der auf der Windschutzscheibe zerplatzten Insekten in irgendwie unschlüssigem Kontrast steht.

Rätselhafterweise herrscht das »klassizistische« Schönheitsideal auch in einem Lebensbereich, wo man es am allerwenigsten vermuten möchte, zumal sich hier spontan die Vermutung aufdrängt, daß es geradezu im krassen Widerspruch steht zu der Sache, um die es geht. Das Thema ist heikel, nicht unbedingt für Jugendliche geeignet, muß aber dennoch zumindest angedeutet werden. Einen ersten Fingerzeig liefern die bekannten Pariser Revue-Theater wie »Moulin Rouge«

oder »Crazy Horse«, auf deren Bühnen sparsamst verhüllte nackte Weiblichkeit bei raffinierter Beleuchtung, die das, worauf Man(n) erpicht ist, mehr verdunkelt als erhellt, in allerlei Ballettformationen und tänzerisch-akrobatischen Evolutionen zur Schau gestellt wird.

Das Ergebnis ist ein erotisches Feuerwerk, ein Hochamt zivilisierter Fleischeslust, das zwar wie ein puritanischer Sinnenrausch anmutet, einem aber in diesem Drill und dieser Eleganz nirgendwo sonst geboten wird. Dieselbe geometrische Klarheit und Übersichtlichkeit, jene Wesensmerkmale des idealen Kunstschönen, finden sich auch wieder in den Schilderungen von Ausschweifungen der erotischen oder schlicht pornographischen Literatur, die seit der Aufklärung eine in Frankreich durchaus respektierte Gattung darstellt. Den Orgien, die in den Schriften des Marquis de Sade mit viel Liebe zum Detail ausgebreitet werden, geben sich Gruppen von Menschen beiderlei Geschlechts hin, die zu bisweilen hochkomplizierten, artistische Körperbeherrschung voraussetzenden Konfigurationen, zu wahren Pyramiden, Kaskaden oder sonstigen kubistischen Verschlingungen nackter Leiber arrangiert sind. Unterliegt bei de Sade die Ausschweifung einer Formstrenge, deren Schilderung nicht zuletzt wegen dieser zwanghaften Ordnung des Ordnungswidrigen ins unbeabsichtigt Parodistische abgleitet, kommt, um ein bekanntes Beispiel aus unseren Tagen zu bemühen, im pornographischen Erfolgsroman »Histoire d'O« von Pauline Réage das »klassizistische« Ideal vor allem in der Ausschmückung der Schauplätze, der Garderoben sowie in dem hier herrschenden strengen Reglement weiblicher Unterwerfung zum Vorschein.

Das klassizistische Ideal ist natürlich auch nur eine Behauptung, die auf das Besondere zielt und sich im Alltag, der kaum mit Louis-Vuitton-Koffern, Hermès-Handtaschen oder anderen Versatzstücken klassischer französischer Eleganz möbliert ist, nicht durchsetzen läßt. Das zeigt sich in aller Deutlichkeit an der Gestaltung französischer Autos, die sich durch ein regelrechtes »Mickey-Mouse-Design« auszeichnen, das mit seiner eigenwilligen Formensprache dem Klassizismus geradezu Hohn spricht, sich aber eben deshalb in Frankreich größter Beliebtheit zu erfreuen scheint.

Dabei mag es sich um ein »typisch deutsches« Urteil handeln, wie ein Franzose sofort wortreich anmerken würde. Das Beispiel lehrt noch etwas anderes: Weder der eigene Anspruch noch gar die Stereotypen, die das spezifisch Französische dingfest zu machen suchen, vermögen das französische Wesen in seiner ganzen bunten Vielgestaltigkeit zu erfassen. Wie andere Völker lassen sich auch die Franzosen nicht nach bestimmten Kategorien oder Schemata rubrizieren, klassifizieren, in Schubladen und Kladden einordnen, auch wenn ihr ausgeprägtes sprachliches, kulturelles oder nationales Selbstbewußtsein solches nahelegt. Bei genauerem Studium erweist sich dieses französische Selbstbewußtsein nämlich als eine komplexe Mischung sehr vieler sehr menschlicher Leidenschaften, weshalb es so inspiriert, seine Zusammensetzung zu ergründen, denn dabei erfährt man viel über sich selbst.

Im krassen Widerspruch zum Klassizismus-Ideal, das eine über Generationen geförderte kulturelle Verfeinerung beansprucht und das deshalb eine nie erreichbare Richtgröße darstellt, gibt es eine Wesensart, die allen Franzosen gemeinsam ist: Sie können ihr Herkommen aus der bäuerlichen Lebenswelt nicht verbergen. Das verrät sich in so mancherlei, am zuverlässigsten aber darin, was man als Bauernschläue bezeichnet. Die offenbart sich im unwiderstehlichen Drang, den kleinsten Vorteil, der sich einem zu bieten scheint, rücksichtslos auszunutzen.

Die einleuchtendste Illustration dafür liefert der Franzose als Autofahrer. Sein Blick ist stur nach vorne gerichtet, seine ganze Wahrnehmung nur darauf fixiert, wo sich im Verkehrsgewühl eine Lücke auftut, in die er hineinsteuern kann. Zwar sind auch französische Autos serienmäßig mit Außen- und Innenspiegeln versehen, aber derer besinnen sich Automobilisten grundsätzlich nur, wenn sie rückwärts einparken müssen. Französinnen am Steuer hingegen wissen, daß grundsätzlich alle Spiegel lügen, weshalb sie auch beim Einparken lieber ihren Ohren vertrauen.

Folglich verstopft solche Fahrweise vor allem während der Stoßzeiten die Kreuzungen, auf denen sich der Verkehr zu wahren gordischen Knoten schürzt, die sich aber irgendwann und irgendwie auf rätselhafte Weise von allein wieder auflösen. Eine andere Spezialität des französischen Autolenkers ist das Linksabbiegen. Um bei der ersten Grünphase der Ampel die Chance zu haben, bei diesem Richtungswechsel über die Kreuzung zu kommen, ordnet er sich ganz rechts ein, um dann mit einem Kickstart aus der Pole-position heraus quer an allen anderen Autos vorbei, die sich ebenfalls in Bewegung setzen, nach links zu schießen, um in der zweiten oder dritten Reihe der Linksabbieger angesichts des heranrollenden Gegenverkehrs zum Stehen zu kommen. Nicht selten endet dieses waghalsige Manöver damit, daß ein Linksabbieger aus der ihm entgegengesetzten Fahrtrichtung, der mit nämlicher Kühnheit sein Gefährt steuerte, ihm dann genau gegenübersteht. Da ruckt zunächst nichts mehr vor und zurück, weshalb der vermeintliche Vorteil, mit nur einer Grünphase die Kreuzung zu queren, verlorengeht.

Trotz alledem jedoch sind die Franzosen die besten, elegantesten, rücksichtsvollsten, ruhigsten und geschmeidigsten Autofahrer. Nie führt ein Spurwechsel hier zu Tätlichkeiten, die man dem anderen mit der Lichthupe androht, nie wird Empörung laut, wenn der Vordermann an der Ampel nicht gleich mit Vollgas anfährt. Ach, und dem Franzosen ist das Blech seines Autos allenfalls nur so lange heilig, wie dieses ganz neu glänzt. Ist diese Phase vorbei, parkt man nur noch nach »Gehör« ein, eine Praxis, für die man in Deutschland sofort wegen Fahrerflucht angezeigt würde.

Ein anderes, oft zu beobachtendes Betragen, das der bäuerlichen Wurzel entspringt, liefert der Sturm auf die stets raren

Taxen an Flughäfen und Bahnhöfen. Dort spielen sich oft Szenen ab, die von ungefähr an die Flucht der einstmals *Grande Armée* über die Beresina erinnern. Auch hier gilt: »Sauve qui peut!«, Rette sich wer kann, und Frauen mit Kindern, ehrwürdige Greise, Reisende, die schweres Gepäck schleppen, haben hier allemal das Nachsehen, das sie sich mit lauten Beschimpfungen jener zu kompensieren suchen, die wendiger oder nur unverschämter waren.

Ähnliche Szenen, wenngleich im Ton gedämpfter, spielen sich auch an den Kartenschaltern oder Garderoben von Theaterfoyers, an Kinokassen oder an Bushaltestellen ab. Immer wird gedrängelt, geschoben, gestoßen, hat man hinter oder neben sich einen Konkurrenten, der mit gleichgültiger Miene, aber mit Einsatz seines Körpers versucht, sich einen vermeintlichen Vorteil zu verschaffen.

Eine nur als heimtückisch zu bezeichnende Variante läßt sich häufig an den Kassen von Supermärkten vorzugsweise während der Abendstunden beobachten. Wie überall sind dann auch in Frankreich die Rentner auf den Beinen, die den ganzen Tag über mit anderen Pflichten so beschäftigt waren, daß sie erst jetzt, wie alle anderen arbeitenden Menschen auch, die Gelegenheit finden, ihre Haushaltsbesorgungen zu erledigen. Naht man sich nun mit einem Paket Kaffee in der Hand im Sturmschritt einer Kasse, die von der weisen Supermarktgeschäftsleitung eingerichtet ist für eilige Kunden, die nicht mehr als fünf Artikel bezahlen müssen, löst sich von der Regalreihe, die unmittelbar vor dieser Rettung und Entkommen verheißenden Schranke stehen, unweigerlich eine alte Dame, die ihren mit allerhand Katzennahrung vollgestopften Einkaufswagen dem letzten in der Schlange Wartenden ins Kreuz schiebt. Natürlich hat sie wesentlich mehr als jene fünf Artikel, die hier den Zugang limitieren, zusammengesucht, aber welche Supermarktkassiererin wird eine alte Dame auf ihr Versehen hinweisen und sie dazu nötigen, sich an einer anderen Kasse anzustellen …

Wenn sich der eine einen Vorteil sichert, und sei er noch so gering, so hat der andere das Nachsehen, das sich aber stets mit Gelassenheit zu tragen empfiehlt, denn sonst steigert man nur noch das Triumphgefühl des anderen. Zu diesem Benehmen gibt es aber noch eine weitere Variante, die weniger darauf bedacht ist, den anderen zu übervorteilen, als vielmehr zu schädigen, vorzugsweise den Nachbarn.

Die Tageszeitung »Le Parisien« erzielte vor Jahren mit einem kurzen Werbefilm in den Kinos wahre Stürme an Heiterkeit. Zu sehen war ein Mann mit Anzug und Schlips, der einen Aufzug in einem sichtlich teureren Haus betritt. Sobald er die Fahrstuhltür geschlossen hat, gibt er mimisch unzweideutig zu verstehen, daß ihn ein Geruch belästigt, dessen Ursache an seinen Schuhsohlen zu haften scheint. Unterdessen ist er an seinem Stockwerk angelangt, verläßt den Fahrstuhl vorsichtigen, schleichenden Schritts, zieht sodann den Schlüsselbund aus seiner Hosentasche und naht sich einer Wohnungstür. Vor der liegt ein großer Fußabstreifer, an dem er schnell, aber sorgfältig, die Sohlen seiner eleganten Schuhe von Hundekot säubert, um dann blitzschnell in der daneben liegenden Wohnungstür zu verschwinden. – Die lautstarke Schadenfreude des Kinopublikums ob dieser Szene läßt sich leicht damit erklären, daß jeder Lacher sich damit bei einem Tun ertappt sehen konnte, das ihm unter nämlichen Umständen auch zuzutrauen wäre.

Unvermeidlicherweise erhebt sich jetzt die mißtrauische Frage: Sind denn alle Franzosen so? Nein, natürlich nicht. Es gibt hier wie überall sonst sicherlich zahlreiche Ausnahmen von der Regel. Eben deshalb hat man ja Regeln, um sich über die Ausnahmen zu freuen, die, wenn sie einen schon nicht im Glauben an den unaufhaltsamen sittlichen Fortschritt der Menschheit bestärken, doch das Bild, das sich einem bietet, bereichern. Das gilt namentlich für Paris, wo man rasch zur Einsicht gelangt, daß keineswegs alle Franzosen die republikanische Schulweisheit für sich in Anspruch nehmen können, nach der ihre Vorfahren die Gallier gewesen seien. Damit werden zum einen die Franken unterschlagen, die schließlich dem Land und seinen Bewohnern den Namen gaben. Zum anderen geraten damit all jene Bürger außer acht, die allein auf Grund ihrer anderen Hautfarbe kaum solche Ahnen für sich reklamieren können.

Wie sehr im Wortsinne »bunt« Frankreich in den letzten 150 Jahren geworden ist, zeigt eine Fahrt mit der Métro, der Pariser Untergrundbahn. An welchem Bahnhof man immer aussteigt, ist man zweifellos zwar in Paris, aber doch gleichzeitig auch in einer anderen Welt, wenn nicht gar auf einem anderen Erdteil. Wer die Kathedrale von St. Denis im Norden besucht, in der die französischen Könige begraben sind, glaubt sich nach Afrika versetzt. Wer dem Théâtre des Bouffes du Nord zustrebt, der passiert Straßenzüge, die Geschäfte säumen, in denen aufwendige indische Brautmoden ausgestellt sind, während unweit davon entfernt im Viertel um die Rue de la Goutte d'Or reges afrikanisches und arabisches Markttreiben herrscht. Im 13. Arrondissement ist das Chinesenviertel, machen Geschäfte und Restaurants mit asiatischen Schriftzeichen auf sich aufmerksam, dampft es aus vietnamesischen Suppenküchen oder chinesischen Wäschereien, kann man in verborgenen Ecken von Tiefgaragen buddhistische Tempel besuchen. Verläßt man die Métro an der Station Sentier im 2. Arrondissement, durchwandert man Straßen und gedeckte Passagen, in denen sich Konfektions- und Stoffgeschäfte dicht an dicht reihen, deren Inhaber Juden zumeist orientalischer Abstammung sind. Jene Läden hingegen, die in jedem Arrondissement meist in kleineren Seitenstraßen anzutreffen sind und bis spät in die Nacht geöffnet haben und sich als wahre Bazare entpuppen, selbst wenn sie vermeintlich nur Obst und Gemüse zum Verkauf anbieten, sind alle fest in der Hand nordafrikanischer Einwanderer.

Daran zeigt sich nicht nur der Kosmopolitismus, den Paris mit vielen anderen Weltmetropolen gemeinsam hat, sondern diese ethnische Buntheit beweist auch, daß Frankreich ein Einwanderungsland ist. Nach plausiblen Schätzungen stammt sogar jeder dritte Franzose von Vorfahren ab, die sich irgendwann einmal in Frankreich niedergelassen haben. Verläßliche Statistiken dazu gibt es nicht, denn in Übereinstimmung mit der republikanischen Weltanschauung sind seit dem 19. Jahrhundert die Erhebungen aller Daten verpönt, die Aufschluß geben könnten über das ethnische und nationale Herkommen oder das religiöse Glaubensbekenntnis der Bürger. Deshalb ist es keine allzu große Übertreibung, als gegen den seit den 1980er Jahren aufschäumenden Fremdenhaß, den sich die französischen Rechtsextremen um Jean-Marie Le Pen mit dem Slogan »Frankreich den Franzosen« zunutze zu machen suchten, Demonstranten skandierten: »Wir sind alle Einwanderer der ersten, zweiten, dritten, vierten Generation!«

In Frankreich wie in anderen europäischen Ländern, begleitete der Zustrom von Landesfremden die industrielle Revolution, die ein großes Reservoir von Arbeitskräften verlangte. Daß sich dieses Phänomen in Frankreich besonders ausprägte, obwohl das Land im 19. Jahrhundert die meisten Einwohner aller europäischen Staaten hatte, erklärt sich aus einer sozialhistorischen Besonderheit der Revolution, die als eine ihrer markantesten Folgen eine große Vermögensumverteilung einleitete: Durch die Enteignung der riesigen Besitztümer von Adel und Klerus wurde die Masse der vordem landlosen Bauern zu Eigentümern an Grund und Boden, die fortan an ihrer Scholle klebten, die sie recht und schlecht ernährte. Das erläutert auch, wir sollten es in Erinnerung behalten, warum die Franzosen so ausgeprägt Land und Landleben lieben, viele Städter noch heute um ihre bäuerlichen Wurzeln wissen und ihrem »terroir« auf mannigfache Weise die Treue halten.

Die Schwerindustrie, um die Mitte des 19. Jahrhunderts in den Bergbauregionen im Nordosten Frankreichs entstanden, lockte deshalb zunächst Arbeitsimmigranten aus dem benachbarten Belgien an. Ihnen folgten Italiener, osteuropäische Juden, Polen, Armenier, Russen und nicht zuletzt zahlreiche Deutsche. Vor allem in den 20er und 30er Jahren des 20. Jahrhunderts war Frankreich auch Ziel zahlreicher Flüchtlinge, die hier Schutz vor Verfolgung in ihren Heimatländern suchten. Die bislang letzte große Einwanderungswelle erlebte Frankreich in den 60er Jahren. Die wirtschaftliche Hochkonjunktur veranlaßte damals die Anwerbung von Arbeitskräften aus den ehemaligen französischen Kolonialgebieten, besonders von Nordafrikanern. Das dauerte bis 1974 fort. Dieser Zustrom überwiegend nichteuropäischer Immigranten macht dem Land bis heute zu schaffen, zumal deren Integration wegen des notorisch schwachen Wirtschaftswachstums sehr ins Stocken geriet, während gleichzeitig die illegale Einwanderung kontinuierlich zunahm.

Das, und keineswegs die als besonders »fremd« erlebte Kultur, der diese Einwanderer entstammen, erschwert deren soziale Eingliederung erheblich. Daraus folgt eine Ghettoisierung, die Ausbildung von urbanen Problemzonen, in denen sich diese Immigranten ballen und sich mit ihren Problemen und enttäuschten Erwartungen weitgehend allein gelassen sehen. Das wiederum führt zu zahlreichen Konflikten, die einem Fremdenhaß Nahrung geben, den die extreme Rechte für sich politisch zu verwerten sucht. Besonders problematisch daran ist, daß vor allem die zweite Generation, also die bereits in Frankreich geborenen Kinder dieser Zuwanderer, sich um die Aussicht auf einen raschen Aufstieg betrogen fühlt, der allein ihre Integration ermöglichte. Daß die meisten Spieler der erfolgreichen französischen Fußballnationalmannschaft entweder *beurs* sind, wie die Angehörigen dieser zweiten Generation von Franzosen nordafrikanischer Abstammung genannt werden, oder Kinder von Immigranten aus anderen Teilen des einstigen *Empire français* sind, stellt nur die große Ausnahme von einer ansonsten erschreckenden Regel dar.

Die große Herausforderung für die Politik wird zwar

erkannt, aber es mangelt entschieden an plausiblen Vorschlägen, wie ihr zu begegnen sei. Wichtigste Ursache dafür ist, was man als die »republikanische Selbstlähmung« bezeichnen könnte, denn in Frankreich gilt es als politisches Tabu, ethnische oder religiöse Bindungen überhaupt wahrzunehmen, obwohl diese auch hier sich manifest zur Geltung bringen. Deshalb ist es sogar ausdrücklich verboten, Statistiken auf der Grundlage der ethnischen oder religiösen Zugehörigkeit zu erstellen. Das hat die wahrhaft paradoxe Folge, daß sich über die im Land lebenden Minderheiten keinerlei statistisch abgesicherte Aussagen treffen lassen, an Hand derer sich beispielsweise genau feststellen ließe, welche Defizite die Integration dieser Minderheiten aufweist und wie diese gezielt behoben werden könnten. Derlei wird als *discrimination positive* strikt verpönt, weshalb ein Quotensystem nach amerikanischem Vorbild, das den *beurs* eine besondere Förderung bei der beruflichen Ausbildung oder bei vergleichbarer Qualifikation gewisse Vorrechte bei der Besetzung freier Arbeitsplätze einräumt, in Frankreich gar nicht denkbar ist.

So will es die eherne Regel des republikanischen Gleichheitsgrundsatzes, die allerdings zu einer Zeit formuliert wurde, der jene Probleme, wie sie sich heute stellen, sehr fern und fremd waren. Deshalb drängt sich der Verdacht auf, durch bloße Wahrnehmungsverweigerung sich des Problems entledigen zu können, das vor allem damit identifiziert wird, daß die »eine und unteilbare Republik« durch die Organisation schwarz- oder nordafrikanischer Gruppenidentitäten, die politischen Einfluß erstreben und ihre Interessen durchzusetzen suchen, ausgehöhlt werde.

Der Umfang dieser Wahrnehmungsverweigerung läßt sich mit einigen Beispielen illustrieren. Wer beispielsweise das Programm der zahlreichen französischen Fernsehsender konsumiert, wird höchst selten oder nie ein afrikanisches, asiatisches oder maghrebinisches Gesicht auf dem Bildschirm erblicken. Wenn das Fernsehen in der Fülle seiner Angebote die gesellschaftliche Wirklichkeit widerspiegelt, dann müßte man daraus den Schluß ziehen, Frankreich sei ein Land so weiß wie das Mehl, aus dem die *baguette* gebacken wird. Bei den letzten Wahlen zur Nationalversammlung 2002 im französischen Mutterland wurde ein rein »weißes« Parlament gewählt. Unter den 8424 Kandidaten, die sich dieser Wahl stellten, waren nur 123 Bewerber schwarz- oder nordafrikanischer Herkunft, von denen aber kein einziger das Stimmenquorum erzielte, um sich auch im zweiten, entscheidenden Wahlgang präsentieren zu können. In den Regionalversammlungen in den französischen Überseegebieten, den *Départements* oder *Territoires d'outre Mer* den D. O. M. und T. O. M., die sich einer begrenzten Autonomie erfreuen, aber in politischer und sozialer, nicht jedoch in jedem Fall auch in wirtschaftlicher Hinsicht integraler Bestandteil des Mutterlands sind, scheint das Bild im ersten Anblick zwar bunter.

Tatsächlich sind es aber auch hier so gut wie ausnahmslos die »grands blancs«, welche die Schalthebel der Macht fest in Händen halten. Das bekannteste Beispiel liefert Französisch-Polynesien, jene 118 Inseln, auf denen rund 250 000 Menschen leben und die über eine Fläche von der Größe Europas im Pazifik verstreut sind, zusammen aber nur eine Landmasse von der Hälfte Korsikas darstellen. Unumstrittener Herrscher in diesem Inselparadies, in dem man weder Einkommens- noch Mehrwertsteuer, dafür exorbitant hohe Zölle auf Importwaren zahlen muß, war seit 1984 Gaston Flosse, der alle Tricks beherrschte und ausspielte, um sich mit dem stillen Segen der Pariser Zentrale bis 2005 an der Macht zu behaupten.

Der unbedingte Respekt der republikanischen Grundlagen, auf den man sich dabei beruft, hat allerdings zur unschönen Voraussetzung, daß man eine dauernde und gravierende Verletzung des Gleichheitsgrundsatzes mit spitzfindigen Argumenten toleriert, indem man es beispielsweise zuläßt, daß die *beurs*, zumeist französische Staatsbürger, weil bereits in Frankreich geboren, wo das *jus soli* gilt, allein auf Grund ihrer ethnischen Abstammung in der gesellschaftlichen Wirklichkeit benachteiligt, wenn nicht gar diskriminiert werden. Dieses Erlebnis stiftet ein Gruppenbewußtsein, das die ethnische Herkunft betont und damit im Widerspruch zur republikanischen Ideologie steht, die ausdrücklich keine ethnischen Unterscheidungen zuläßt. Damit wird eine Bewußtseinsentwicklung angestoßen, die sich in ihren Vorurteilen wechselseitig verstärkt.

Die den *beurs* durch die Erfahrung ihrer ethnischen Diskriminierung förmlich aufgezwungene Gruppenidentität trägt ihrerseits nur dazu bei, ihre soziale Ausgrenzung oder Benachteiligung zu verstärken. Damit schließt sich endgültig der Teufelskreis, denn dadurch wird einer weiteren Radikalisierung des Gruppenbewußtseins der *beurs* Vorschub geleistet, die sich immer öfter eines Islamismus bedienen, der ihnen die wirksamen Argumente zu liefern scheint, mit dem sie sich gegen den offenen Rassismus, der ihnen entgegenschlägt und ihre Integration vereitelt, zur Wehr setzen können. Für viele Franzosen war es deshalb ein großer Schock, als sie bei dem Fußballänderspiel Algerien gegen Frankreich, das 2001 in Marseille ausgetragen wurde, an ihren Fernsehgeräten erleben mußten, daß die französische Nationalhymne von den im Stadion zahlreich anwesenden *beurs* lautstark ausgepfiffen und ausgebuht wurde. Deutlicher läßt sich für französische Ohren und Augen der Protest gegen die alleingültige republikanische Ideologie kaum äußern.

Wie sich dieser Teufelskreis angesichts der fortdauernden »republikanischen Selbstlähmung« durchbrechen ließe, ist nicht auszumachen, weshalb vermutlich auf die zweite Generation der auf Grund ethnischer Vorurteile Diskriminierten eine dritte Generation folgen wird, die noch geringere Aussichten auf Integration hat, weil ihre Sozialisationserfahrungen wesentlich durch jene Radikalisierung des Gruppenbewußtseins und den darauf antwortenden Rassismus geprägt worden sind. Daß das ethnische Herkommen aller Erfahrung nach sich kaum dazu eignet, sich politisch organisieren zu lassen, ist aber nur ein schwacher Trost. Die ethnisch strukturierten Ghettos, die im Umfeld der großen Ballungsräume schon jetzt unkontrolliert wuchern, werden sich über kurz oder lang zu sozialen Brennpunkten auswachsen, deren Potential nicht mehr nur von denjenigen als latente Drohung erlebt wird, die in unmittelbarer Nachbarschaft leben.

Spätestens damit stellt sich dem bislang so überaus erfolgreichen republikanischen Integrationsmodell eine Herausforderung, die sich nicht mehr mit den alten und bewährten Rezepten bewältigen läßt, auf deren Wirksamkeit man mit Recht stolz ist. Wieviel Frankreich den Immigranten nämlich andererseits verdankt, zeigen die bekannten Beispiele aus der Welt des Chanson. Charles Aznavour ist der Sohn armenischer Flüchtlinge, Georges Moustaki ist ägyptisch-jüdischer Abstammung, Serge Reggiani war der Sohn eines italienischen Friseurs, der vor Mussolini nach Frankreich floh, und Yves Montand, der eigentlich Ito Livi hieß, stammte ebenfalls aus Italien. Sein Vater war ein kleiner Bauer und Besenmacher, dem die Faschisten seine elende Werkstatt anzündeten und der daraufhin nach Frankreich emigrierte.

Andere Beispiele bieten der aus Argentinien stammende Schriftsteller Hector Bianchiotti, Mitglied der *Académie française*, oder der aus Spanien gebürtige Jorge Semprun. Nicolas Sarkozy, der Chef der großen Mitte-Rechts-Partei *Union pour un Mouvement populaire* (UMP) ist der Sohn eines Ungarn, der bei Kriegsende nach Frankreich flüchtete. Studiert man die Schilder, die auf Anwaltskanzleien oder Arztpraxen hinweisen, wird man ebenfalls erstaunlich viele Namen entdecken, die ganz und gar nicht französisch klingen. Ebenso verhält es sich mit vielen Geschäftsadressen und Ladenschildern, die alle von einer erfolgreichen Integration künden, die Friedrich Sieburg in seinem Buch »Gott in Frankreich?« mit uneingeschränkter Bewunderung in dem »Blut und Geist« überschriebenen Kapitel schilderte, die heute, im post-industriellen Frankreich jedoch, so nicht mehr funktioniert.

Daß Paris jedoch nicht Frankreich ist, kann als Binsenweisheit gelten. Auch hat die französische Gesellschaft viele Facetten, für die weder die Hauptstadt noch der Kranz ihrer von mannigfachen Problemen geplagten Vorstädte ein vollständiges Spiegelbild sind. Paris steht für das eine Frankreich; das andere, von dem manche behaupten, es sei das eigentliche, das »wahre« Frankreich, »la France profonde«, ist die Provinz, das ländliche, das dörfliche, das kleinstädtische Frankreich, das sich seinen eigenen, vorgeblich ursprünglichen Charakter gegenüber allen Bestrebungen, diesen im Namen eines revolutionär-republikanischen Ideals zu beseitigen, noch weitgehend bewahrt hat.

Einmal im Jahr, Ende Februar, strömt dieses andere Frankreich mit Kind und Kegel nach Paris, staunt und läßt sich bestaunen. Dann treffen zwei Welten, zwei Lebensweisen aufeinander, wie man sie sich unterschiedlicher kaum vorstellen kann. Dieses alljährliche Stelldichein des anderen Frankreich in Paris ermöglicht der »Salon de l'Agriculture«, die große Landwirtschaftsausstellung, die wahrhaft umfaßend-enzyklopädische Zurschaustellung allen dessen, was französische Bauern, Viehzüchter, Käsehersteller, Winzer und Schnapsbrenner an Produkten zu bieten haben.

Weitaus interessanter aber als jene Erzeugnisse, als die muhenden, gackernden oder wiehernden Haus- und Nutztiere, die prämierten Zuchtbullen, die Rinder aus dem Charolais, die Ziegen aus dem Larzac oder die Hühner aus der Bresse sind jedoch die Menschen, die sich dicht an dicht durch die von würziger Landluft erfüllten Messehallen an der Porte de Versailles im Südwesten von Paris schieben. Es ist ein eigener Menschenschlag, wie er einem im Straßenbild von Paris nie unterkommt und in dem Physiognomien in großer Zahl aufscheinen, wie man sie von der Menge der Schaulustigen zu kennen wähnt, die auf den Gemälden alter Meister bei Kreuzigungen oder anderen Greuelszenen der Halsgerichtspflege sowie bei ländlichen Festgelagen die Staffage bilden. Auch braucht es nicht viel Phantasie, um in der einen oder der anderen Gestalt eine frappante Ähnlichkeit mit Asterix und Obelix zu bemerken, während sich für den hageren, stelzbeinigen Jacques Tati keine Entsprechung ausmachen läßt. Das kann nicht weiter Wunder nehmen, denn Tati stammte aus Rußland und hieß eigentlich Tatischeff.

Oh, là, là!
Die Französin

Machen wir uns nichts vor. Haben wir nicht alle eine mehr oder weniger klar umrissene Vorstellung davon, was eine Französin auszeichnet? Eleganz in der Kleidung werden ihr die meisten sicherlich gerne attestieren. In dieser Erwartung sieht man sich jedoch rasch enttäuscht. Einen geschlagenen Nachmittag haben wir eigens deswegen auf der Terrasse eines Cafés an einem Boulevard in einem der »besseren« Arrondissements von Paris ausgeharrt, um dieses Urteil zu bestätigen. Vergeblich.

Unter Hunderten war kaum eine Passantin auszumachen, die mit ihrem Äußeren Anspruch auf Eleganz erheben konnte. Die Ausnahme bildete eine Japanerin. Sonst dominierten Blue jeans in allen Abschattierungen der Verwaschenheit, undefinierbare Röcke, Schlabberzeug. Gut, es ist Winter, aber müssen auch dann und trotz der Kälte die Jüngeren ihren gepiercten Bauchnabel entblößen? Vielleicht entdeckt die Französin erst ab gewissem Alter die Eleganz für sich? Auch diese Hypothese läßt sich umstandslos überprüfen. Beispielsweise im fraglos eleganten Kaufhaus »Bon Marché«.

Nicht, daß es dort von eleganten Erscheinungen geradezu gewimmelt hätte, aber es waren doch genügend Exemplare zu entdecken, deren Anblick eine vage Erinnerung aufzufrischen vermochte. Also, was dem von Kritik geschärften Blick an der Eleganz der Französin zunächst ins Auge fällt, ist das Uniformmäßige. Diesen Eindruck erweckt unweigerlich das irgendwie architektonisch anmutende Ensemble des »petit tailleur«, in den sich die Französin zwängt, will sie denn »elegant« gekleidet bummeln gehen, kaum daß sie dem Backfischalter entwachsen ist. So ein »petit tailleur« muß andererseits aber ein höllisch unbequemes Kleidungsstück sein, denn er ist zu kurz, zu knapp geschnitten, aber stets auf Betonung der Taille modelliert.

Diese natürlich nur männlichem Unverstand als Nachteile erscheinende Kostümierungsmerkmale werden aber durch die mannigfachen Vorteile, die sie der Französin bieten, und die diese auch wie keine Frau sonst zu nutzen weiß, mehr als aufgewogen. Zunächst kann sie damit nämlich die typische Kleinwüchsigkeit überspielen, die beispielsweise den Grund liefert, daß in den großen Revuen im Moulin Rouge, in den Folies Bergères oder im Crazy Horse die Bühnenshows meist mit amerikanischen, englischen oder deutschen Girls abgezogen werden. Je knapper der Rock, desto mehr zartbestrumpftes Frauenbein kann die Französin vorführen, dessen Wohlgeformtheit sich noch durch die dünnen Absätze bisweilen selbstmörderisch hoher Pumps betonen läßt.

Die Französin bietet sich also dann am besten männlichen Blicken dar, wenn sie eine Treppe mit flachen Stufen emporschreitet oder wenn sie gemächlich flaniert, ein Fortbewegungstempo, das ihr im übrigen auch die Enge des Rocksaums zwingend nahelegt. Frauenkenner werden aber auch den Anblick zu schätzen wissen, den eine so gekleidete Französin bietet, wenn sie mit übereinandergeschlagenen Beinen sehr gerade auf der äußersten Kante eines Louis-XV.-Fauteuils sitzt. Eine Ikone dieser Sitzhaltung lieferte Woche für Woche

Catherine Pégard, Kolumnistin des Wochenmagazins »Point«, deren Photographie jeden ihrer Beiträge illustrierte, auch wenn man diese nicht unbedingt für das Verständnis dessen brauchte, was sie mitzuteilen hatte.

Ja, auf ihr Äußeres verschwendet die Französin gern sehr viel Aufmerksamkeit, Zeit und vermutlich auch Geld. Häufig haben ihr meist brünettes Haar und ihre Fingernägel einen seidigen Glanz, der regelmäßige, teure Pflege verrät. Auch sind ihr Teint, ihr Dekolleté, ihre Arme und Beine gleichmäßig gebräunt. Ganz besondere Aufmerksamkeit schenkt die Französin ihrem Mund, dessen Lippen gern mit einem satten Rouge übermalt sind, das üppigen Schwung verleiht und damit auch von der oft allzu groß geratenen Nase ablenkt. Diesen Eindruck weiß sie noch dadurch kokett zu betonen, daß ihr Mund stets leicht geöffnet ist, ganz so, als umspiele ihn noch die Erinnerung an ein Lächeln.

Außer Frage freilich, daß soviel makellose Äußerlichkeit ihren Preis hat, und der Umstand, daß auch in kleineren Städten die Zahl der »Instituts de Beauté« sich der von Bäckereien annähern dürfte, spricht für sich. Überhaupt scheint die »ésthеticienne«, die Kosmetikerin, längst in die Rolle geschlüpft zu sein, die einst dem Beichtvater zufiel. Der vermochte aber allenfalls nur die Falten und Schrunden der Seele zu glätten.

Was den Erhalt ihrer Schönheit anbelangt, da vertraut die Französin fast ausschließlich den zauberischen Wirkungen von Cremes oder, wenn deren sanfte Wirkung versagt, dem beherzten chirurgischen Eingriff, mit dem alle Unzulänglichkeiten, die Natur und Alter bisweilen zulassen, korrigiert werden. Gänzlich abhold aber ist sie jenen schweißtreibenden Anstrengungen, denen sich ihre Schwestern in anderen Ländern unterwerfen, um ihren Körper fit und in Form zu halten. Solcher Kraftaufwand erscheint ihr als Zeitverschwendung, zumal der versprochene Erfolg auf sich warten läßt.

Was aber wäre eine Französin, wenn sie im beschriebenen

Sinne nur schön wäre und sie sich nicht auch durch eine bisweilen spitzzüngige Mundfertigkeit auszeichnete, die uns Männern wohliges Erschauern bereitet? Ja, die Französin, so möchten wir meinen, versteht es, völlig unangestrengt Charme mit Esprit zu verbinden, ihre Netze, mit denen sie uns fängt, aus Worten zu knüpfen. Sie ist für den Flirt wie geschaffen, insofern sie das, was sie uns mit den Augen verspricht, im nämlichen Augenblick mit ihrer Rede dementiert. Das verleiht ihr etwas Flirrendes und Flüchtiges, umwittert sie mit Lockung und Verheißung. Aber das ist leider nur zu häufig, wähnt man sich der Erfüllung seines Glücks schon ganz nah, bloß ein leeres Versprechen.

Ohne Zahl sind die wirklichen oder literarischen Vorbilder, an denen sich die Französin orientieren kann. Madeleine de Scudéry beispielsweise, die uns aus dem 17. Jahrhundert als Stern erster Ordnung herüberleuchtet und uns jene »Carte du Tendre« erfand, auf der die einzelnen Länder durch Seelenzustände und Befindlichkeiten ersetzt sind, hat das geistreiche Spiel mit Leidenschaft und Liebe zu einer raffinierten Kunstfertigkeit gesteigert, die uns Heutige, die wir für solchen Zeitvertreib weder Muße noch Verlangen zu haben scheinen, nur verblüfft.

Aus dem 18. Jahrhundert wäre Julie de Lespinasse zu nennen, die in Paris mit d'Alembert in Josephs-Ehe lebte und eines jener »Bureaux d'esprit«, einen Salon also, unterhielt, in dem sich die erlauchten und erleuchteten Geister der Zeit zu literarisch-philosophischen Gesprächen trafen. Ihre leidenschaftlichen Liebesbriefe, die sie an den Grafen Guibert schrieb und in denen alle Höhen und Tiefen eines »amour fou« durchlitten und beschrieben werden, sind noch heute, zumindest für die gebildete Französin, ein Vademecum, ein Quell der Inspiration in verwandten Seelenlagen.

Als der Verderber dieses mal heiteren, mal ernsten, aber stets außerordentlich geistreichen Spiels mit Liebe und Leidenschaft figuriert natürlich ein Mann, ein Militär: der Artilleriehauptmann Choderlos de Laclos, in dem schon der Geist einer neuen Zeit rumorte und der 1782 in Paris seinen Briefroman »Les Liaisons dangereuses«, »Gefährliche Liebschaften«, erscheinen ließ, mit dem er die vermeintliche Sittenverderbnis der höheren Stände anprangerte. Sein Roman gehört zu jenen Büchern, mit denen die Revolution vorbereitet wurde, die im Namen von Freiheit und Gleichheit alle Privilegien beseitigte. Dergestalt wurde aber auch das Spiel mit der Liebe, dem zuvor nur die *happy few* frönten, gewissermaßen demokratisiert und popularisiert.

Eben darin, wir wollen gern darauf hinweisen, gilt es, eine der schönsten und dauerhaftesten Errungenschaften der Französischen Revolution anzuerkennen. Seither, oder genauer, seit Stendhal, der allerdings der Italienerin vor der Französin den Vorzug gab, ist die Lust, über die Liebe zu reden, das Verhältnis vor allem der Frau zur Liebe zu schildern, eines der markantesten Themen der französischen Romanliteratur.

Deshalb läßt es sich nur schwer entscheiden, ob die Literatur das Leben beeinflußte oder das Leben die Literatur. Die Französin jedenfalls, wäre als Wille und Vorstellung uns Heutigen undenkbar ohne ihre zahllosen literarischen Vorbilder, die sie uns mit allen Facetten ihrer wirklichen oder nur unterstellten (es gilt gleichviel!) Leidenschaftlichkeit, ihrer »Carte du Tendre« vertraut machten und ihren Mythos erschufen. Allein, dieser Mythos, seien wir ehrlich, ist unterdessen entschieden verblaßt, und das teilen gerade die Anstrengungen mit, ihn zu restaurieren.

Zwischen einer Emma Bovary, wie sie uns Gustave Flaubert in seinem gleichnamigen Roman schildert, der damals bei seinem Erscheinen im Jahr 1857 in Frankreich einen derartigen Skandal auslöste, daß sich mit ihm die Gerichte beschäftigten, und einer Emmanuelle, die sich allerdings in wechselnder Besetzung durch verschiedene Filme, Länder und Kulturen, pardon, vögelt, liegen Welten. Für Emma Bovary ist die Flucht in die kompromißlose Liebe zu einem anderen Mann als dem, dem sie mit dem Segen der Kirche angetraut ist, der verzweifelte Versuch, einer Kälte zu entrinnen, die in einem geradezu existentiellen Widerspruch zu ihren Gefühlen steht. Daran scheitert sie und beendet ihr Leben mit einem gräßlichen Selbstmord. Für Emmanuelle hingegen ist die Liebe lediglich eine gymnastische Übung, die nicht durch einen Schimmer von Leidenschaft geadelt wird. Als ein Vorzeigeprodukt kosmetisch veredelter Schönheit liefert sie uns das denkbar platteste Abziehbild des Mythos »Französin«, den sie damit nachhaltig beschädigt.

Dieser Entwicklung konnte man nicht länger tatenlos zusehen, und es war ein Mann, der Filmregisseur Régis Wargnier, der den Entschluß faßte, Ruhm und Ruf der Französin wiederherzustellen, ihrem Mythos neuen Glanz und neue Ausstrahlung zu verleihen. Gegen »Emmanuelle« bot er die Schauspielerin Emmanuelle Béart auf, der er die Titelrolle der Jeanne in seinem Melodram »Eine französische Frau« anvertraute.

Aber ach, auch dieser aller Ehren werte Versuch scheiterte, ja, er mißglückte auf geradezu spektakuläre und damit aufschlußreiche Weise. Dabei hat Emmanuelle Béart alle nur denkbaren Vorzüge einer Französin vorzuweisen. Sie ist von mädchenhafter Schönheit und ebenmäßigem Wuchs; ihr voller Mund ist stets makellos geschminkt, ihr Stupsnäschen allerliebst und ihre Augen, ihre Augen, die sind so schön, so schön, aber meist blickt sie damit so traurig, so tieftraurig drein und häufig, allzu häufig quillt die Träne.

Ein Elend, ein Jammer, denn zu weiterem Verdruß darf die traurige Schöne gar nichts sagen. Ihr Esprit, den wir ihr gern unterstellen, bleibt deshalb ihr Geheimnis, und vom Spiel mit der Liebe kann bei ihr, die von einem Mann zum anderen und wieder zurücktaumelt, auch keine Rede sein. Es ist eine klägliche Quadrille, ohne Charme, ohne Flirt, ohne raffinierte Verführung, ohne Lust und Leidenschaft. Ohne allen Sinn und Verstand. Nein, Wargnier, Mann, das ist gründlich schiefgegangen. Nachsitzen! Hinsetzen! Scudéry, Lespinasse, Laclos, Flaubert! Der Mythos der Französin ist Weltkulturerbe, das wir erhalten wissen wollen!

Ärgerlich war dieser Versuch, das Ideal französischer Weiblichkeit zu retten, aber weniger deshalb, weil er so gründlich daneben ging, sondern, weil die Französin derlei gar nicht nötig hat, denn sie kommt diesem Ideal auf ihre unnachahmliche Weise viel näher, als sich dies Mann für gewöhnlich träumen läßt. So sieht man es einer Französin nie an, ob sie verheiratet ist. Bei Frauen aus anderen europäischen Ländern läßt sich das sofort erkennen. Nicht so bei der Französin. Warum?

Weil die Französin von Natur aus, wie es scheint, kokett ist. Deshalb vermittelt sie immer irgendwie den Eindruck, für männliche Aufmerksamkeit und Werbung nicht unempfänglich zu sein. Wer darum nicht weiß oder das Spiel, das ihm damit angeboten wird, nicht kennt, kann dann bisweilen seine Überraschung oder Enttäuschung erleben. Dieses Spiel heißt Flirt und ist darauf angelegt, Bewunderung zu erregen und als vorteilhaft wahrgenommen zu werden. Die Französin will sich damit in den Augen eines Mannes als begehrenswertes Wesen bestätigt sehen. Um mehr geht es ihr in der Regel nicht. Der Zauber dabei ist, daß eine Frau, die es eben darauf anlegt, auch sofort als hübscher oder aparter wahrgenommen wird, auch wenn sie die Attribute, die für eine solche Wahrnehmung sprechen, auf den ersten Blick gar nicht hat.

Darin läßt sich ein Ausdruck spezifisch weiblichen Selbstbewußtseins erkennen, das der Französin eigentümlich ist, weshalb ihr beispielsweise die feministische Militanz, wie sie ihren germanischen Schwestern leider nicht fremd ist, völlig abgeht. Sie weiß auch so, was sie will und behauptet ihre selbständige Weiblichkeit selbst als Ehefrau und Mutter, denn sie ist immer und in erster Linie Frau. Das gelingt ihr aber keineswegs deshalb, weil ihr Los in der Dreifachrolle von Beruf, Hausfrau und Mutter irgendwie leichter wäre als anderswo. Weit gefehlt, denn selbst bei gleicher Qualifikation verdient

Frau im Lande der *egalité* immer noch um rund zehn Prozent weniger als Mann, muß sie, will sie sich beruflich verbessern, immer noch weit mehr Hürden überwinden als ihr männlicher Kollege. Von der verbrieften Gleichheit ist im sogenannten Ehealltag in Frankreich auch nichts zu bemerken. Mann hat hier alle Rechte und nur wenige Pflichten, ist mithin der unangefochtene Pascha, während Frau den ganzen lästigen Haushaltskram neben ihrer beruflichen Beanspruchung auch noch schultern muß. Nur in der Fernsehreklame sieht man es gelegentlich anders dargestellt, aber, was will das schon besagen.

Aber nicht, weil das traditionelle Rollenspiel hier noch unangefochten funktioniert, die Frauen es mit stiller Duldung ertragen, drei Funktionen auf einmal zu erfüllen, ist in Frankreich die Vereinbarkeit von Beruf und Familie kein Thema wie bei uns. Hier gibt es nämlich etwas, das den selbstermächtigten deutschen Familienpolitikern und Politikerinnen vor allem aus dem Lager der christdemokratischen oder christlichsozialen Parteien als das schiere Verderben gilt: die *école maternelle.*

Die Ideologie, daß kleine Kinder der elterlichen »Nestwärme« bedürftig seien, um zu wachsen und zu gedeihen, ist den Franzosen, welche Weltanschauung sie auch sonst haben mögen, völlig fremd. Nichts ist ihnen deshalb selbstverständlicher, als die gerade Zwei- oder Dreijährigen im September eines jeden Jahres, kaum daß die großen Ferien zu Ende gegangen sind, in einer der ganztägigen Vorschulen anzumelden, die von den Kommunen seit über hundert Jahren getragen werden und deren Personal ausgebildete Pädagogen und Lehrer sind, die vom Staat besoldet werden.

Diese *écoles maternelles* sind aber weder Krippen noch gar Verwahranstalten, in denen ein kinderfeindliches Regiment herrscht, sondern regelrechte Schulen, in denen die Kinder früher als anderswo und vor allem spielerisch Lesen und Schreiben lernen wie überhaupt behutsam ein Sozialverhalten vermittelt bekommen, wie man es manchen Gleichaltrigen in Deutschland nur wünschen könnte. Auch wird das für alle Eltern kostenlose Angebot dieser Vorschulen nicht, wie man vermuten möchte, nur von den Schichten mit verhältnismäßig geringem Haushaltseinkommen in Anspruch genommen, obwohl sich natürlich manche der finanziell besser gestellten Ehepaare eine *nounou*, eine eigene Kinderfrau leisten. Aber wie auch immer, bedeutsam ist, daß man in Frankreich die Ideologie der Nestwärme nicht kennt. Deshalb fällt es hier wesentlich mehr Frauen viel leichter, sich nicht zwischen Kinderwunsch und beruflicher Karriere entscheiden zu müssen.

Die Frau des einstigen Finanz- und Wirtschaftsministers Hervé Gaymard beispielsweise leitet die staatliche Agentur für Auslandsinvestitionen, kann also auf eine eigene, beachtliche Karriere zurückblicken. Die hinderte sie keineswegs daran, Mutter von acht Kindern zu sein, selbst für französische Verhältnisse eine ungewöhnlich große Familie. Daß Madame Gaymard kein Einzelfall ist, zeigt das Beispiel von Ségolène Royal, der attraktiven und klugen früheren sozialistischen Familienministerin. Gemeinsam mit ihrem Lebensgefährten, dem Chef der französischen Sozialisten François Hollande, hat sie vier Kinder. Und auch die geschiedene Tochter von Staatspräsident Jacques Chirac, die ihrem Vater als Beraterin in Medienfragen im Elysée zur Seite steht, schickt ihren Sohn selbstverständlich in eine Vorschule.

Natürlich lassen sich diese drei Beispiele nicht verallgemeinern und damit die kühne Feststellung verbinden, daß die französische Frau mit ihrer dreifachen Rolle wesentlich besser zu Rande kommt als ihre Schwestern anderswo. Bemerkenswert aber bleibt, wie erfolgreich sie ohne eine militante Frauenbewegung – die gibt es natürlich auch in Frankreich und deren große Protagonistin war Simone de Beauvoir, die Gefährtin Jean-Paul Sartres – sind, ihre Rechte und Ansprüche zur Geltung zu bringen.

Dabei benachteiligte die französische Gesellschaft die Frau

traditionell und unbeschadet der Revolution, die sich im weitesten Sinne als Emanzipation begriff, die unterschiedslos allen Menschen die gleichen Rechte zubilligte. Eine Ursache dafür war die ausgeprägte Frauenfeindlichkeit Napoleons, die ihren Niederschlag in den einschlägigen Regelungen des *Code Napoleon* fand. Eine der absurdesten Bestimmungen sah beispielsweise vor, daß eine Frau nur dann auf Scheidung von ihrem Mann wegen ehelicher Untreue klagen konnte, wenn dieser seine Geliebte im gemeinsamen Haushalt hatte. Eine andere, nicht minder gewichtige Ursache liegt in der starken Stellung der katholischen Kirche, deren orthodoxes Frauenbild die herrschenden Mentalitäten lange beeinflußte.

Fast möchte man vermuten, daß gerade diese mannigfachen Benachteiligungen und Zurücksetzungen die Französinnen dauernd anspornten und sie ihr eigentümliches weibliches Raffinement entwickeln ließen. Außer Frage kann in jedem Fall stehen, daß es die Frauen waren und sind, die das häusliche Regiment ausüben. Der Mann hat zwar das Privileg, in Pantoffeln zu schlüpfen, was aber noch lange nicht heißt, daß er in diesen und nicht unter ihnen steht.

Wer in Frankreich lebt, darf es nicht eilig haben oder Savoir vivre

Wer in Frankreich leben will, darf es nicht eilig haben. Nie. Sich in Geduld zu üben ist hier das erste, das oberste Gebot.

Das hat viele Gründe. Einmal sind die Leute hier viel freundlicher und höflicher als anderswo, mit der Folge, daß selbst beim Bäcker mehr Worte gewechselt werden als für den Kauf eines *croissant* oder einer *baguette* notwendig. Das gilt erst recht für Einkäufe beim Metzger. Da ist kein *Magret de Canard* wie der andere, da müssen alle Entenbrüste im Angebot dem Kunden vorgelegt und gewogen werden.

Die sei für zwei Personen entschieden zu knapp im Gewicht, befindet der Metzger. – Ach so, ein Freund aus Lyon komme zum Essen. Der sei sicherlich hungrig von der Reise. Deshalb müsse es doch eine sein, die auch ihn noch satt mache. Ob man dann nicht lieber zwei *Magrets* wolle? Dann sei man ganz sicher. Sehr schön sei übrigens auch der *Gigot*, die Lammkeule. Ganz zart. Um den Käufer für die Lammkeule zu interessieren, wird ihm gleich noch ein ganzes Rezept verraten. Außerdem könne man die im Topf schmoren lassen, während man mit seinem Gast in aller Ruhe den

Apéritif nimmt, der ein geheiligtes Ritual ist. Für die Lammkeule spricht also manches.

Schließlich entscheidet sich der Kunde für ein Huhn, das zwar gerupft, aber noch mit Kopf und Krallen in der Auslage liegt. Kein Anblick für zarte Gemüter, denn der Kopf des Huhns schlackert bedrohlich, wenn der Metzger das nackte Federvieh mit Schwung auf die Waage befördert. Natürlich wird das erste beste für zu schwer, das zweite für zu leicht befunden, und, wenn man Glück hat, entscheidet sich der Kunde für das dritte. Daraufhin schließen sensible Gemüter am besten wieder die Augen, denn dem Huhn werden mit dem Metzgerbeil in knappen Schlägen Hals, Kopf und Füße abgetrennt.

Wer aber glaubt, er sei er nun endlich an der Reihe, nach seinen Wünschen gefragt zu werden, sieht sich sofort enttäuscht. Der Metzger will zunächst nämlich wissen, ob der Huhnkäufer auch Hals und Kopf und Füße begehre, die er in der linken Hand derart hält, daß der Hühnerkopf wieder bedrohlich schlackert. Damit hatte unser zartes Gemüt nicht gerechnet, weshalb wir jetzt statt die toten Hühneraugen und den seltsam groß wirkenden Schnabel des Tieres fixieren. Das nimmt glücklicherweise unsere Aufmerksamkeit derart in Anspruch, daß wir den nun folgenden Ausführungen des Metzgers, wie diese Teile zubereitet werden sollen, einfach nicht mehr lauschen können.

Der Metzger liebt seinen Beruf und schätzt seine Kunden, denn die Konkurrenz im Viertel ist groß, hat man hier doch die Wahl zwischen vier Metzgereien, die beiden Supermärkte mit ihren Fleischtheken nicht gerechnet. Vermutlich denkt der Metzger aber gar nicht daran, sondern er ist so, wie er ist, ganz einfach deshalb, weil er ein französischer Metzger ist, den ein Verhältnis von geradezu stolzer Zärtlichkeit mit seinem Beruf und dem Fleisch toter Tiere verbindet. Deshalb wiegt er eine ganze Lende, die man bei ihm bestellt hat, nicht einfach ab und schlägt sie in Papier ein, sondern säubert sie zuvor erst umständlich, entfernt jede Sehne, das kleinste Fitzelchen Fett, bis diese so aussieht, als wolle man sie malen und nicht braten.

Störrisch wird unser Metzger jedoch, weil er sich womöglich in seiner Berufsehre gekränkt fühlt, wenn man etwas von ihm verlangt, was ihm nicht einleuchtet. Beispielsweise ein *Escalope de Veau*, ein Kalbsschnitzel also, das idealerweise dünn wie eine Schallplatte und groß wie ein Lokusdeckel geschnitten sein sollte. Das kann nur gelingen, wenn man die Kalbsschulter mit der Maschine schneidet, ein Ansinnen, dem sich der Metzger jedoch stets hartnäckig verweigert. Seine Messer seien scharf und er könne mit diesen sehr gut hantieren, je nach Wunsch dünne oder dicke Scheiben abschneiden. Das ist ein Versprechen, dessen Ergebnis besagtem Ideal naturgemäß nie sehr nahekommt, was wir ihm aber um so lieber nachsehen, als das Fleisch, das wir bei ihm kaufen, beim Braten oder Schmoren nicht zusammenschnurrt.

Beim Fischhändler ist es ähnlich, mit dem einen Unterschied allerdings, daß hier die Dialoge knapper ausfallen, denn Fisch ist nicht Fleisch, ein Unterschied, den der Laie daran erkennen mag, daß weder Fett noch Sehnen zu entfernen sind, von den Seewölfen sowieso nur die nackten Hinterleiber angeboten werden und die Seezungen bereits gehäutet daliegen, während die Austern, Hummer, Langustinos und Crevetten nach ihren unterschiedlichen Größen, Kilo- oder Stückpreisen geordnet feilgeboten werden, kurz, hier eine Übersichtlichkeit und Ordnung herrscht, die nur noch die ehrenrührige Frage zuläßt, ob denn auch alles frisch sei.

Aber natürlich kann man auch beim Fischhändler einen Meinungsaustausch darüber beginnen, wie man welchen Fisch am besten zubereitet.

Ganz anders hingegen beim Käsehändler, zumal dann, wenn der sich rühmt ein »Maitre affineur« zu sein, also einer, der über wohltemperierte und vorschriftsmäßig feuchte Kellerräume verfügt, in deren Dunkel und unter seiner kennerischen Aufsicht die einzelnen Käse zu ihrer je arteigenen vollkommenen Reife gelangen. Das ist eine eigene Wissenschaft, die bei fast vierhundert Käsesorten, die in Frankreich erzeugt werden, zu einem Kenntnisstolz berechtigt, mit dem man gegenüber seinen Kunden nicht hinterm Roquefort halten kann. Da diese als Käseesser nun ihrerseits Käsekenner sind, den Käse umständehalber aber nur vom Ende her ansehen, sieht sich unser Maitre um so mehr veranlaßt, ihnen dessen jeweilige Genese zu erläutern, vermeintliche Schwächen als eigentliche Stärken und Vorzüge zu deuten, kurz, es entspinnen sich über die Theke hinweg Dialoge, die rasch das Ausmaß scholastischer Dispute annehmen. Auch wer Frankreich kennt und die Eigenarten des Landes respektiert, wenn nicht gar schätzt, ist deshalb gut beraten, den Einkauf beim Metzger nicht mit dem Gang zum Käsehändler zu kombinieren. Wer dieses weise Gebot mißachtet, sieht sich leicht um seinen Vormittag gebracht.

Im unüberhörbaren Stolz, mit dem der Metzger, der Fisch- und Käsehändler, zu denen wir der Vollständigkeit halber noch den Obst- und Gemüseverkäufer oder den Inhaber des Weinladens hinzuzählen, über die Herkunft und damit unmittelbar zusammenhängend die besondere Qualität ihrer Produkte reden, verrät sich eine geradezu archaisch anmutende Freude am Lebensgenuß, die jeden Fremden ansteckt. Eng verwandt damit ist die Liebe, mit der jeder Franzose von seiner Region spricht. Auch wenn er in Paris geboren ist, wird ihm jene Gegend als Heimat gelten, aus der seine Vorfahren, die Eltern oder Großeltern kamen und zu der er noch viele Verbindungen unterhält. Wenn er dort nicht seine Ferien verbringt, wird er jeden anderen Anlaß, Hochzeiten, Taufen oder auch Beerdigungen um so lieber nutzen, in diese Gegend oder noch öfter an einen bestimmten Ort auf Besuch zu fahren.

Wenn einer in München beispielsweise sagte, er führe zu Verwandten ins Sauerland oder in die Rhön, wird der entweder seines Schicksals wegen bedauert oder mit sprachlosem Unverständnis angesehen. Wer in Paris hingegen verlauten läßt, er besuche für einige Tage eine Tante oder Cousine im Limousin oder in der Vendée, wird sofort auf Neugier stoßen und mit allerhand Fragen bestürmt werden, die aufrichtiges Interesse und nicht herablassendes Mitleid verraten.

Darin scheint das bei den allermeisten Parisern lebendige Bewußtsein auf, zwar stolz darauf zu sein, in einer der schönsten Städte der Welt leben und arbeiten zu können, aber darüber nicht zu vergessen, daß ihre Wurzeln ganz woanders liegen, irgendwo in den Weiten des ländlichen Frankreichs. Dort leben zu können ist der Traum vieler, was erklärt, daß in Frankreich schätzungsweise ein gutes Fünftel aller Familien einen Zweitwohnsitz auf dem Land hat. Das kann ein bescheidenes Ferienhaus sein oder ein Gehöft, das für die Bewohner von Paris vorzugsweise in der Normandie oder in Burgund liegen wird, zwei Landschaften, die man von der Hauptstadt aus jedes Wochenende bequem mit dem Auto in wenigen Stunden erreicht.

Im Land der *égalité* ist eine solche *résidence secondaire* ein wichtiges soziales Unterscheidungsmerkmal. Ganz oben rangieren stattliche Landhäuser oder schloßartige Anwesen. Von diesen ländlichen Adelssitzen hatten rund 1000 um das Jahr 1800 die Stürme der Revolution einigermaßen unbeschädigt überstanden, die allermeisten waren schon damals in bürgerlichem Besitz. Im Laufe des 19. Jahrhunderts sind aber mehr als zehnmal so viele solcher prestigeausstrahlender Gemäuer errichtet worden, die heute in längst eingewachsenen Parks stehen und Patina aufweisen, so daß sie von einem echten, ehemaligen Adelsbesitz kaum mehr zu unterscheiden sind.

Wer aber, wie die meisten, nicht über die Mittel verfügt, ein *Château* mit zwanzig und mehr Zimmern auf dem Lande sein eigen nennen zu können, der kann sich vielleicht ein altes Bauernhaus leisten, dessen Stallungen nach und nach ausgebaut werden und dem ein rechteckiger, immer tiefblauer

Swimming-pool, der sich vor den Fenstern des Salons meist unbenutzt langweilt, eine gewisse Allüre geben soll. Viele jedoch bescheiden sich, um sich ihren Traum vom Landleben zu erfüllen, auch mit einer fußkalten und zugigen Kate, die nur während der Sommermonate, wenn man für Gesundheit und Leben nicht Gefahr laufen muß, bewohnbar ist. Wem selbst dazu das Geld nicht reicht, der wird in der Ferienzeit mit einem Wohnwagen unterwegs sein, mit dem er auf einem der zahlreichen Campingplätze Station machen kann, wo es ihm gerade behagt.

Diese Liebe zum Leben auf dem Lande, ein Traum, den sich viele häufig auf Dauer erfüllen, sobald sie in Rente gegangen sind, ist in Frankreich mit einer anderen Leidenschaft eng verschwistert, der *bricolage*, dem Basteltrieb. Es gibt sicherlich keine französische Kleinstadt, an deren Peripherie sich nicht wenigstens zwei Baumärkte angesiedelt hätten, in denen man Material und Handwerkszeug erwerben kann, um das eigene Heim unablässig auszubauen und zu verschönern. Entsprechende Tips und Anregungen kann man einer in vielen Titeln verbreiteten und entsprechend florierenden Magazinpresse entnehmen. Wer sich mit dem eigenen Geschick nicht zu helfen weiß oder wer verständlicherweise die Anschaffung einer Schweißapparatur scheut, der findet selbst in den entlegendsten Ecken des Landes die Handwerker, die er braucht.

Mit einem Handwerker auf dem Lande ins Geschäft zu kommen, ist jedoch ein ganz eigenes Ritual. In Paris genügt meist ein Anruf, eine kurze Schilderung des Problems, und dann wird ein Termin abgesprochen, zu dem der Handwerker erscheinen will. Diese Vereinbarung wird in der Regel entweder kurz vorher telefonisch storniert, oder der Handwerker läßt sich einfach nicht blicken.

Beim zweitenmal klappt es dann aber bestimmt. Der Meister erscheint häufig in Begleitung eines Gesellen oder seiner Ehefrau, die das Protokoll führt, was und wie und bis wann gewünscht wird. Als nächster Schritt folgt, daß man irgendwann, in jedem Fall aber nach einer die Geduld strapazierenden Frist, einen *devis*, einen detaillierten Voranschlag zugesandt bekommt für Material- und Arbeitskosten. Diese Berechnung gilt es nach Möglichkeit ohne weitere Diskussionen zu akzeptieren und sich über den Beginn der Arbeiten zu verständigen. Auch sollte man sich bei dieser Gelegenheit erkundigen, welche Summe der Handwerker als Vorauszahlung fordert, sei es in bar oder als Scheck, um die anfallenden Materialkosten zu decken. Danach klappt alles weitere wie am Schnürchen, und das um so besser, je bereitwilliger man sich gelegentlich auf einen Schwatz mit ihm einläßt und seine Arbeitslust mit einer Tasse Kaffee zu fördern versteht.

Nicht so auf dem Lande. Ratsam ist hier, sich von einem Nachbarn einen Handwerker empfehlen zu lassen, den man dann in seiner Werkstatt aufsucht und dabei beiläufig einfließen läßt, wem man den Tip zu verdanken hat. Dieses erste Gespräch endet jedoch selten mit einer konkreten Terminierung. Der Handwerker wird wortreich auf seine starke Arbeitsbelastung hinweisen, dann schließlich doch versprechen, spätestens in der übernächsten Woche, wenn er auf einer Baustelle ganz in der Nähe zu tun hat, einmal vorbeizuschauen.

Das kann so sein oder, wie meistens, auch nicht. Ein unverzeihlicher Fehler wäre es jetzt, aus Verärgerung über so viel Unzuverlässigkeit einen anderen Handwerker, lebte dieser auch in einem Nachbarort, aufzusuchen, um nun diesen mit den geplanten Arbeiten zu betrauen. Auf solcher Schläue, die auf Konkurrenz schielt und an das freie Spiel der Marktkräfte glaubt, ruht auf dem Lande kein Segen, denn dieser Handwerker weiß längst, daß man schon beim Kollegen war und wird sich deshalb aus traditionell zünftiger Rücksicht hüten, diesem den Auftrag wegzuschnappen.

Auf dem Land funktioniert nämlich die »kleine Post« vorzüglich. Jeder Fremde, der hier auftaucht und sich auf Dauer niederläßt, wird mit diskretem, weil nach außen freundlichem

Mißtrauen beobachtet, denn er gilt zunächst allemal als ein *intrus*, als ein Eindringling, von dem man nicht weiß, was er im Schilde führt und warum es ihn ausgerechnet nach Gournay-sur-Aronde verschlagen hat. Die Nachbarn registrieren sein Tun und Lassen, hüten sich aber, irgendwelche direkten Fragen zu stellen, was den Fremden seinerseits dazu anstiftet, bereitwillig über sich Auskünfte zu geben, spürt er doch die ihm entgegengebrachte Reserviertheit. Bäcker, Metzger und der Postbote steuern ihre Erkenntnisse zum Dorfklatsch bei, den der Fremde, ohne daß ihm dies bewußt wäre, allemal willkommen bereichert. Binnen kurzem ist so der ganze Ort über den *intrus* im Bilde, weiß vor allem, welche Um- und Ausbauten er plant, die mit Kenntnis kommentiert und erörtert werden. So wiederholt sich das alte Spiel von der Katze und dem König, dessen Regeln der Fremde beherzigen sollte, gerade weil er sie nicht durchschaut: Die Katze sieht den König, aber der König nicht die Katze.

Wenn also die mit »übernächste Woche« vage in Aussicht gestellte Frist verstrichen ist, ohne daß der Handwerker erschienen wäre, muß man diesen erneut aufsuchen. Wieder wird ein Termin vereinbart. Diesmal erscheint der Meister auch einigermaßen pünktlich, läßt sich erklären, was gewünscht wird, akzeptiert auch das ihm angebotene Bier, verspricht einen Kostenvoranschlag zu schicken und verliert sich dann in einen angeregten Schwatz, auf den der Fremde sich um so lieber einläßt, keimt in ihm doch die Hoffnung, sich den Handwerker durch Freundlichkeit gewogen zu machen und solchermaßen zu einer pünktlichen, soliden und gleichzeitig preiswerten Ausführung der gewünschten Arbeiten zu verpflichten.

Das ist indes eine Illusion, die das Eintreffen des *devis* zerstört. Die Preise, so muß der Fremde zu seinem Schrecken feststellen, sind wenigstens so hoch wie die in Paris, wenn nicht gar höher. Darüber verhandeln zu wollen ist jedoch nutzlos, denn zum einen wird der Handwerker weitschweifig zahlreiche Gründe anführen, warum dies so sei, er mithin an all dem keinerlei Schuld trüge; zum anderen wird der Kostenvoranschlag, den man daraufhin dem Handwerker aus dem Nachbarort vielleicht doch noch abgerungen hat, wesentlich höher ausfallen, so daß man sich schließlich zum ersten Angebot resigniert.

Damit ist zunächst einmal nichts gewonnen, denn unser Meister kann mit den Arbeiten frühestens im Herbst, wahrscheinlich aber erst im Winter beginnen. Das ist mißlich, weil man dann nicht an Ort und Stelle ist und folglich darauf vertrauen muß, daß alles wie gewünscht ausgeführt wird. Erstaunlicherweise gelingt das in aller Regel, weshalb man keinerlei Bedrückung mehr verspürt, sobald es gilt, die vordem als zu hoch empfundene Rechnung, deren Betrag aber nie den Kostenvoranschlag übersteigt, zu bezahlen. Damit stellt sich ein Vertrauensverhältnis her, das die Ausführung künftiger Aufträge wesentlich erleichtert. Jetzt genügt ein Anruf, und der Meister wird sogar ziemlich pünktlich zum vereinbarten Termin erscheinen, zügig seinen Voranschlag mitteilen und bisweilen die fälligen Arbeiten sogar zu einer Zeit ausführen, an der man selbst zur Stelle ist.

Aus diesen ersten Begegnungen mit Handwerkern lassen sich zwei wichtige Einsichten gewinnen, die man beim Umgang mit Franzosen unbedingt beherzigen sollte. Zum einen ist das ihr überaus großzügiges Verhältnis zur Zeit. Hat man sich um 13 Uhr beispielsweise in einem Restaurant zum Mittagessen verabredet, kann man sich glücklich preisen, wenn der Gast nur um eine Viertelstunde verspätet eintrifft. Häufiger muß man seiner eine geschlagene halbe Stunde harren, eine Zeitspanne, in der man noch die eine oder andere Besorgung hätte erledigen können, hätte man es denn vorher gewußt…

Es gab auch schon Verabredungen, die deshalb nicht zustande kamen, weil man nach einer Stunde entnervt die Serviette warf, für drei Gläser Champagner die Rechnung verlangte, um hungrig und verärgert davonzustürzen. Solche

Erlebnisse können die Völkerverständigung um Jahre zurückwerfen, weshalb man in Frankreich gut beraten ist, immer ein Mobiltelephon mit sich zu führen und bei jeder Verabredung dem anderen seine Nummer einzuschärfen. Hat man Glück und der andere besinnt sich seiner guten Erziehung, dann erhält man, wenn die Frist des Treffens um erst zehn Minuten verstrichen ist, einen Anruf, man sei leider im Büro aufgehalten worden, mache sich jetzt aber auf den Weg und treffe über kurz oder lang ein. Da kann es immer noch eine gute halbe Stunde dauern, denn entweder ist der Bus einem vor der Nase davongefahren oder die Métro verkehrte aus technischen Gründen nicht oder man traf unterwegs einen Bekannten, den man nicht so schnell wieder loswurde …

Die Weisheit, Pünktlichkeit sei die Höflichkeit der Könige, scheint in Frankreich im Zuge der Revolution abhanden gekommen zu sein, weshalb man tunlichst nicht den Chronometer nach dem Beginn der Hauptabendnachrichten um 20 Uhr im französischen Fernsehen regulieren sollte. Fanfaren signalisieren zwar, daß es diese Stunde geschlagen habe, aber dabei handelt es sich um eine bloße Konvention, die von der Normalzeit um nicht wenige Sekunden abweichen kann. Mißtrauen ist auch immer dann geboten, sobald man versichert bekommt, irgend etwas sei »bis morgen« geregelt oder fertig. Dieses »bis morgen« ist keineswegs eine Zeitangabe, sondern soll lediglich die Hoffnung stärken, daß das Verlangte irgendwann einmal auch tatsächlich eintrifft. Es kann übermorgen der Fall sein oder aber auch schon einmal eine ganze Woche ins Land gehen, ehe dieses »bis morgen« sich erfüllt.

Zum zweiten sollte man mit Franzosen tunlichst nicht über Geld sprechen, weder über das, was man hat, noch über das, an dem es einem mangelt. Zwar ist Geld nicht regelrecht tabuisiert, zumal sich das Thema im Leben, in dem bekanntlich nur der Tod umsonst ist, ja nicht konsequent vermeiden läßt, aber ohne konkrete, sprich zwingende Veranlassung darüber zu reden, verrät allergrößte Vulgarität.

Selbstverständlich ist man auch in Frankreich willkommen, wenn man Geld hat, aber man ist auch gleichzeitig gut beraten, diesen glücklichen Umstand nicht demonstrativ auszustellen. Allzu üppige Trinkgelder beispielsweise gelten durchaus als ordinär und werden deshalb bisweilen sogar zurückgewiesen. Vulgär ist aber auch großkotziges Auftreten, etwa wenn man auf den absurden Gedanken käme, einen *kir royal*, also einen mit Champagner verdünnten Fruchtsirup zu bestellen, dabei darauf bestünde, dafür nur einen Roederer Cristal oder Dom Perignon zu verwenden.

Entsprechend gilt auch neuer Reichtum als vulgär, während der älterer Provenienz durchaus respektiert wird, was überraschenderweise auch für den Fall zutrifft, daß Sohnemann das Geld von Papa ausgibt. Nein, von Geld spricht man nicht. Das gilt selbst für den Arzt, den man sofort nach der Konsultation bezahlen muß. Nie wird er die Summe aussprechen, die er verlangt, sondern wird die Zahl auf einem Blatt seines Rezeptblocks notieren und dem Patienten unter der Erteilung vieler guter Ratschläge diskret zuschieben. Der muß dann ebenso diskret den Betrag seiner Brieftasche entnehmen und ihn beiläufig auf den Schreibtisch des Arztes legen, der ihn dann mit der geübten Hand eines Croupiers unauffällig in einer Schublade verschwinden läßt.

Ausgesprochen ordinär wirkt es auch, wenn man in Frankreich einen Packen Geldscheine aus der Tasche zieht, um damit zu bezahlen. Ein Franzose wird sich immer den Anschein geben, als müsse er sich von seinem letzten Schein trennen, wenn er es nicht vorzieht, auch kleinere Beträge mit der *carte bleue*, der Scheckkarte oder gar mit einem persönlichen Scheck zu begleichen, auf dessen Formular sein Name und seine Anschrift aufgedruckt sind, eine in Frankreich sehr beliebte Zahlungsweise, denn die Banken berechnen keinerlei Scheckgebühren.

Diese überraschende Freundlichkeit hat aber auch ihre Kehrseite: Die französischen Banken gewähren ihren Privatkunden in aller Regel keinerlei Überziehungskredit. Wenn der eingereichte Scheck nicht durch das Guthaben des Ausstellers gedeckt ist, es sich also um einen *chèque de bois* handelt, bekommt dieser mit seiner Bank den größten Ärger. Unter Umständen wird dann sogar sein Konto für geraume Weile dichtgemacht, und auch jede andere Bank wird sich weigern, ihm ein neues zu eröffnen.

Ganz unmöglich ist es ferner, seine Einkäufe mit großen Geldscheinen bezahlen zu wollen. Die Einhundert-Euro-Note markiert das oberste Limit, aber man sollte nicht versuchen, einen Café oder eine *baguette* damit zu bezahlen. Eine Zweihundert-Euro-Note wird selbst in teuren Geschäften mit exklusiver Kundschaft nur äußerst ungern akzeptiert, während der »Fünfhunderter«, auf dessen Einführung nur die Deutschen bestanden, weil sie von der Nostalgie des »braunen Riesen« oder der »zwei alten Männer« auf den alten Tausend-DM-Scheinen einfach nicht lassen konnten, allenfalls dem Präsidenten der *Banque de France* vertraut sein dürfte.

Mit erheblichen Schwierigkeiten sieht sich auch konfrontiert, wer größere Summen baren Geldes, sagen wir fünf- oder zehntausend Euro, in Scheinen à einhundert Euro abheben will. Der Wunsch muß schon Tage vorher bei der Bank angemeldet werden, was aber keine Gewähr dafür bietet, daß die Summe in der gewünschten Stückelung dann auch tatsächlich vorhanden ist. Dafür braucht es dann zwei, wenn nicht gar drei weitere Demarchen und Anläufe, unter denen einen unschwer der Gedanke anwandeln kann, daß die eigene Matratze eigentlich die entschieden »kundenfreundlichere« Bank sei.

Dieses seltsame Verhalten hat vermutlich weniger damit zu tun, daß sich die französischen Banken nur widerstrebend von Geld trennen, das ihren Kunden gehört, sondern daß sie selber, aus welchen Gründen immer, nur jeweils über sehr geringe Bargeldbestände verfügen. Als ein bis heute von der Polizei nicht aufgespürter Erpresser, der sich des Kürzels

»AZF« bediente, die französischen Staatsbahnen SNCF mit einem Bombenanschlag auf ihr Schienennetz bedrohte, wenn ihm nicht eine Million Euro und vier Millionen Dollar in bar ausgehändigt würden, und die französische Regierung sich im Februar 2004 dazu durchrang, dieser Forderung zu genügen, waren die vier Millionen Dollar bei der *Banque de France* nicht vorrätig und mußten deshalb von der amerikanischen Notenbank eigens per Kurier beschafft werden!

Das Gegenstück dazu liefert die Paradoxie, daß es in Frankreich einige tausend »arme Reiche« gibt. Die sind zwar zur Vermögenssteuer veranlagt jenseits des Vermögensbesitzes von über 720 000 Euro, gleichzeitig aber auch Bezieher des staatlich garantierten Minimaleinkommens, des »Revenu minimum d'Insertion« (RMI), dessen monatlicher Satz für Alleinstehende augenblicklich 417,88 Euro und für Verheiratete 636,82 Euro beträgt. Die Vermögenssteuer, der »Impôt de Solidarité sur la Fortune« (ISF), den der Fiskus einmal im Jahr einfordert, wurde 1988 von der Regierung des Sozialisten Rocard mit der ebenso einleuchtenden wie lobenswerten Absicht von sozialer Gerechtigkeit eingeführt: Die Reichen sollten dazu genötigt werden, einen solidarischen Beitrag zu leisten, damit der Staat den Ärmsten unter die Arme greifen und diesen wenigstens den minimalsten Genuß der Menschenwürde garantieren kann.

Das Phänomen jedoch der »armen Reichen« hat der Gesetzgeber damals nicht erkannt, weshalb es keine Bestimmung gibt, die dem den Bezug von »Stütze« versagt, der gleichzeitig zur Vermögenssteuer veranlagt ist. Wie viele Reiche sich über den Umweg der Vermögenssteuer ihr Existenzminimum sichern, läßt sich nicht genau feststellen, weil die Steuerverwaltung die Schnittmenge jener, die RMI für sich in Anspruch nehmen, aber gleichzeitig auch zur ISF veranlagt sind, nie ermittelt hat. Bekannt ist lediglich, daß 5000 Personen auf Grund ihres geringen Einkommens von der »Taxe d'Habitation«, in der die Gebühren für Wasser und Abwasser sowie die Müllabfuhr gebündelt werden, befreit sind, für diese aber dennoch aufkommen müssen, weil sie Vermögenssteuer zu zahlen haben.

Diese Paradoxie legt die Vermutung nahe, daß man in Frankreich nicht vom Geld spricht, weil jeder sein gutes Auskommen hat und deshalb niemandem etwas neidet. Tatsächlich kommt man damit einer Wahrheit auf die Spur, die einigermaßen verblüffend ist. Von 33,4 Millionen Haushaltungen bezahlten 2003 nur 17,3 Millionen, also etwas mehr als die Hälfte, überhaupt Lohn- und Einkommenssteuer. Deren Aufkommen belief sich im Durchschnitt auf einen Betrag von 3066 Euro im Jahr. Bevor der Leser sich angesichts dieser Zahl vor Neid gelb verfärbt, sei rasch versichert, daß die Löhne und Gehälter in Frankreich teilweise erheblich unter dem deutschen Niveau liegen. Das Nettoeinkommen von Angestellten im öffentlichen Dienst betrug 2002 knapp 30 000 Euro pro Jahr. Höhere Verwaltungsbeamte verdienten jährlich über 40 000 Euro, während Professoren und Hochschullehrer sich im Durchschnitt mit lediglich rund 28 000 Euro netto begnügen mußten. Besonders kraß aber sind die Gehaltsunterschiede bei den Nettojahresgehältern der Angehörigen des Mittelfelds im öffentlichen Dienst. Den höchsten Verdienst haben hier Polizisten und das Gefängnispersonal, die der Staat mit fast 30 000 Euro pro Jahr entlohnt, während Hochschulassistenten oder Studienräte zusehen müssen, wie sie mit 20 000 Euro netto über die Runden kommen.

Selbstverständlich zahlt der Staat seinen Dienern noch jede Menge Beihilfen, so daß diese sich nicht nur von Käserinden ernähren müssen. Die bekannteste dieser Beihilfen ist das Kindergeld ab dem zweiten Kind, das sich monatlich auf über einhundert Euro beläuft und auf das jede Familie, völlig unabhängig vom verfügbaren Monatseinkommen, Anspruch hat. Für Millionärskinder ist das also eine willkommene Zubuße zum Taschengeld, während vor allem in den Ferienparadiesen der französischen Karibikinseln oder auf Réunion im Indischen Ozean kinderreiche Familien, die noch andere staatliche Unterstützungszahlungen beziehen, ihr bequemes Auskommen haben, ohne daß auch nur ein Familienmitglied dafür arbeiten muß.

Die Zahl der Ärmsten der Armen, also der Bezieher von »Stütze« (RMI; s. oben, S. 52) belief sich im März 2004 hingegen auf rund 1,2 Millionen Franzosen. Weder weist hier die Statistik aus, wie viele davon Vermögenssteuer zahlen müssen, noch die vermutlich weitaus höhere Zahl jener, die nach Abschluß ihres Studiums noch nicht die Stellung gefunden haben, die sie sich erträumen, denen aber ihre Eltern keinen Wechsel mehr zahlen wollen. Als man sich anschickte, diesen Mißbrauch abzustellen und die Eltern zur weiteren Unterstützung der Kinder verpflichten wollte, scheiterte man rasch an deren Protest, daß sie ihre Steuern abführten und folglich einen Anspruch auf staatliche Minimalversorgung ihrer Kinder hätten.

Ähnlich steht es um den seit langem still tolerierten Mißbrauch, den die »intermittents«, die nur zeitweilig bei Fernseh- oder Filmproduktionen oder bei den rund 600 Festivals, die alljährlich in Frankreich stattfinden, als »künstlerische Hilfsarbeiter« bezahlt werden. Wer den Nachweis für eine akkumulierte Beschäftigungsdauer als »intermittent« von etwas weniger als zwei Monaten pro Jahr erbringt, hat für die restlichen zehn Monate Anspruch auf den Bezug von Arbeitslosengeld.

Das ist zwar nicht üppig, dürfte aber für das sprichwörtliche Huhn im Topf allemal ausreichen. Außerdem halten sich die meisten dieser »intermittents« für Künstler und betrachten deshalb das Arbeitslosengeld, für dessen Aufkommen sie nur einen lächerlichen Beitrag geleistet haben, als staatliche Subvention, die ihnen ganz selbstverständlich so lange zusteht, bis sie den Durchbruch, die in klingender Münze erfolgende Anerkennung ihres Talents, erleben. Als die Regierung 2003 versuchte, diesen Mißbrauch wenigstens etwas durch Heraufsetzung der zeitweiligen Beschäftigungsdauer pro Jahr zu steuern, führte dies zu einer großen Streikbewegung mit dem üblichen Ritual von Solidarisierungen. Deshalb fielen eine ganze Reihe der wichtigsten Sommerfestivals aus. Danach blieb um des lieben Arbeits- und Festivalfriedens willen 2004 alles beim alten.

Daß die »intermittents« auf Kosten der Allgemeinheit ihrem Traum eines zumeist objektiv talentlosen Künstlertums leben, darüber regt sich in Frankreich niemand auf. Zum einen natürlich sympathischerweise deshalb, weil hier der Künstler – und Künstler ist, wer behauptet, einer zu sein – noch immer von einem großen Nimbus zehrt. Zum anderen deswegen, weil die »intermittents« nicht wirklich ins Gewicht fallen.

Die wichtigste Ursache für soviel Gelassenheit aber liegt darin, daß eine große Mehrheit der Franzosen in der einen oder anderen Form Kostgänger der Allgemeinheit ist. Das gilt zumal für die Millionen, die im öffentlichen Dienst sowie in den zahlreichen staatlichen Versorgungs- und Dienstleistungsunternehmen (Telefon, Post, Flugverkehr, Bahn, Elektrizität, Gas und der Erdölindustrie) beschäftigt sind. Unter allen vergleichbaren Staaten hat Frankreich im Verhältnis zu seiner Einwohnerschaft mit großem Abstand die meisten Beschäftigten, die entweder aus Steuermitteln oder aus staatlich verordneten Tarifen bezahlt werden. Insgesamt sind dies über 6,5 Millionen Personen, von denen 1,2 Millionen in Staatsbetrieben arbeiten. Auf die arbeitstätige Bevölkerung umgerechnet bedeutet dies, daß in Frankreich jeder vierte von der öffentlichen Hand besoldet wird, während es in anderen Ländern nur jeder sechste oder siebte ist.

Erschreckend hoch sind auch die staatlichen Zuschüsse, mit denen die chronisch defizitären Alters- und Arbeitslosenversicherungen aufgepäppelt werden müssen. Zu dieser Last addieren sich noch die Aufwendungen des Steuerzahlers, um die Ruhestandsbezüge von rund 3,6 Millionen Beamten zu bezahlen. Schließlich müssen die 179 Milliarden Euro Schulden, mit denen die Staatsunternehmen in der Kreide stehen, bedient werden. Allein die jährlichen Schuldzinsen der SNCF, der staatlichen Bahngesellschaft, betragen pro Kopf der Bevölkerung 55 Euro. Die jährlich fast 11 Milliarden Euro direkter staatlicher Subventionen für die SNCF vergelten die Bahner dem Steuerzahler durch regelmäßige Streiks, die vor allem den Personenverkehr lahmlegen.

Warum vor allem die Pensionsleistungen so ins Geld laufen, läßt sich am Beispiel der EDF, der staatlichen Elektrizitätsgesellschaft, verdeutlichen. Den rund 150 000 Angestellten der EDF stehen nicht weniger als 130 000 Pensionäre desselben Unternehmens gegenüber, eine Relation, die logischerweise jede Solidaritätsversicherung weit überfordern muß. Daß es dazu kam, erklärt sich vor allem damit, daß sehr viele EDF-Mitarbeiter aller Ränge bereits ab Vollendung des 50. Lebensjahrs ohne empfindliche Einbußen an ihrer Altersversorgung in den Ruhestand treten können.

Ähnlich ist es bei der Bahn, beim Militär, bei Polizei und Feuerwehr, ja, unter geschickter Ausnutzung aller Bestimmungen und von den Gewerkschaften erstrittenen Sonderregelungen vermutlich im gesamten öffentlichen Dienst. 2003 gehörten laut einer OECD-Studie 62 Prozent der Franzosen einem Haushalt an, der irgendeine staatliche Unterstützung bezog. Berücksichtigt man noch die Renteneinkünfte, steigt deren Zahl auf über 80 Prozent. Mit anderen Worten: Bei einer dringend gebotenen umfassenden Reform des gesamten Sozialwesens würden fast alle etwas zu verlieren haben, weshalb sich diese kaum wird umsetzen lassen. Der erbitterte Widerstand gegen die geplante, weil von Brüssel erzwungene Teilprivatisierung der staatlichen Versorgungsbetriebe, unter Fortführung der üppigen Altersversorgungen kaum machbar, lieferte dafür einen Vorgeschmack. Wer an diese Besitzstände zu rühren wagt, verstößt gegen das geheiligte Erbe der Revolution, die einigen wenigen ihre Privilegien nahm, um diese in der Folge allen zuzuwenden.

Das erhellt, warum ausgerechnet im Mutterland aller Revolutionen der Staat um seiner selbst willen verehrt und geschätzt wird, der Berufswunsch sehr vieler dahin geht, *fonctionnaire*, Angestellter des Staates oder Beamter zu werden, ein Beschäftigungsverhältnis, das einem auf Lebenszeit das Risiko für die eigene Daseinsvorsorge abnimmt. Von diesem Vorteil abgesehen, erfährt der eigene Staat in Frankreich eine geradezu religiöse Verehrung, weshalb der französische Patriotismus weniger auf dem Stolz auf die einzigartige Geschichte Frankreichs ruht, sondern sich vor allem als Staatspatriotismus qualifizieren läßt, mit dem Ideal eines zentralistischen, nach außen wie innen gleichermaßen starken Staates, der die nationalen Interessen nicht zuletzt durch Eingriffe in das Wirtschaftsleben zu fördern versteht.

Außerdem gewährt der Staat als Polizist Schutz und Sicherheit, dient als Versicherungsgesellschaft gegen alle Unbilden und Mißgeschicke des Lebens, als Arbeitgeber, als Schiedsrichter, als Unterhalter und als Wächter und Garant der republikanischen Gleichheit, von der Chateaubriand bereits bemerkte: »Die Franzosen lieben keineswegs die Freiheit, ihr Idol ist vielmehr die Gleichheit.«

Das vielbewunderte *savoir vivre* der Franzosen wird vor allem deshalb auch durch ihr Verhältnis zum Staat beeinflußt, weil sich auch hier eine bäuerliche Wurzel finden läßt. Unbeschadet seiner republikanischen Kostümierung wird der Staat folglich als vorrevolutionäre, geradezu paternalistische und feudale Organisation begriffen, in der die von oben ausgeübte Herrschaftswillkür durch persönliche Bindung mit den Beherrschten vermittelt wird. Der Staat ist die Instanz, an die man sich sofort mit allen Klagen, Beschwerden, Bitten wenden kann und die auf Grund dieses Staatsverständnisses auch dazu verpflichtet ist, in angemessener Weise zu reagieren. Sucht der Staat sich dem zu entziehen, wird er mit Sanktionen bedroht, werden Streiks ausgerufen, denen er sich über kurz oder lang beugen muß.

Dieses Spiel kennt in Frankreich jedes Kind, daher empört sich hier niemand über Streiks, selbst wenn sie den Verkehr lahmlegen, der Müll nicht fortgeschafft wird oder sie einem sonst das Leben erschweren. Auch kommt es nur sehr selten vor, daß irgendwelche Forderungen an den Staat von anderen als überzogen kritisiert und gar zurückgewiesen würden. Stets werden sich die Streikenden und Demonstrierenden auf die zumindest schweigende Solidarität ihrer Mitbürger verlassen können, weil alle von der Überzeugung durchdrungen sind, daß ihr *savoir vivre* einen Anspruch darstellt, den sie jederzeit gegenüber dem Staat geltend machen können.

Unbeschadet ihrer geradezu religiösen Verehrung für den Staat sind die Franzosen daneben Anarchisten aus Leidenschaft und Neigung. Dieses Image des *je m'en fous*, einer selbstbezogenen Unverfrorenheit, die einfach tut und läßt, wonach einem gerade der Sinn steht, wurzelt ebenfalls im bäuerlichen Wesensgrund der Franzosen. Aber erst die Errungenschaften der Revolution brachten das richtig zur Geltung mit der Proklamation der Freiheit des Individuums. Zwar strebt der Staat seither immer danach, diese kräftig zu beschneiden und einzuhegen – das Mittel zum Zweck sind über 8500 Gesetze, rund 130000 Dekrete und beinahe 400000 Verordnungen, die das Leben der Bürger von der Geburt bis zum Tod regeln – allein, je feiner die Maschen des Netzes geknüpft sind, desto größer die Lust und das Verlangen, durch sie hindurchzuschlüpfen, dem alles bedenkenden und regulierenden Staat ein Schnippchen zu schlagen oder der Obrigkeit durch kalkulierte Verstöße gegen ihre Auflagen klarzumachen, daß keine Strafandrohung einen davon abhalten kann, einem dringenden Bedürfnis in einem dunklen Hauseingang abzuhelfen.

Das jedem Besucher Frankreichs vertraute Gesetz liefert dafür eine hübsche und weniger anstößige Illustration. Das Gesetz kennt jeder, weil es vor allem an älteren Gebäuden mit großen Lettern angeschrieben steht, aber kaum jemand weiß darum, was es bestimmt oder verbietet. Das mutet kafkaesk an und ist es in der Tat auch.

Das Gesetz vom 29. Juli 1881 umfaßt nicht weniger als 25 Artikel, die ebenso viele Verbote aussprechen. Dieses Gesetz, wie könnte es im Land der Freiheit anders sein, gewährleistet die Freiheit der Presse. Es verbietet beispielsweise, den Staatspräsidenten oder ein ausländisches Staatsoberhaupt zu beleidigen, die Namen von Polizei- oder Zollbeamten zu veröffentlichen oder das Andenken von Toten zu verunglimpfen. Zwar werden die bei Zuwiderhandlung angedrohten Strafen seit langem nicht mehr verhängt, dennoch besteht das Gesetz noch immer, und sei es auch nur, um die fortdauernd gültige Sanktion einer seiner Bestimmungen zu sichern. Wegen dieser Bestimmung ist das Gesetz auch so bekannt: Sie verbietet, Hausfassaden mit Plakaten zu bekleben oder mit Aufschriften zu versehen, gestattet es aber gleichzeitig dem Hauseigentümer, auf dieses Verbot mit einer Aufschrift hinzuweisen: *défense d'afficher.*

Aber trotz der geradezu zirkulären Umsicht des Gesetzgebers mit der Formulierung dieses Verbots übersah er etwas, das findige Franzosen rasch herausfanden und sich zunutze machten: Das Gesetz gilt nicht für die Abflußrohre der Dachrinnen, die deshalb überall in Augenhöhe mit zumeist handgeschriebenen Offerten beklebt sind.

Als weniger amüsant hingegen erweist sich ein anderer verbreiteter Anarchismus, dem die Franzosen ihrer Tier-, in Sonderheit ihrer Hundeliebe wegen frönen, die ein rechtes Ärgernis ist. In Paris gibt es nach vorsichtigen Schätzungen über 200 000 Hunde, die, da sich die Liebe der Besitzer vor allem in deren Überfütterung niederschlägt, täglich dreimal ihr »Geschäft« verrichten. Das macht wenigstens 600 000 »crottes« pro Tag, 1,8 Millionen in drei Tagen, 4,2 Millionen binnen einer Woche. Aufs Jahr berechnet summierte sich dieser Ausstoß zu einem wahren Gaurisankar an Hundescheiße, der alle Sehenswürdigkeiten unter sich begrübe. Ein Alptraum, den die Stadtreinigung mit allen Listen und technischen Raffinessen wie Motorradstaubsaugern zu bannen suchte. Vergebens, das Geschäft mit dem »Geschäft« hätte selbst einen durch einschlägige Frustrationserfahrungen gehärteten Sisyphos in schiere Verzweiflung gestürzt.

Wer deshalb als Flaneur zumal in Paris mit elegantem, leichten Schuhwerk fürbaß wandelt, ist gut beraten, sein Augenmerk nicht nur auf die allfälligen Schönheiten zu richten, sondern den Blick vor allem auf das Trottoir zu heften, um jene zutiefst verstörende Sensation zu vermeiden, jäh in einer weichen, klebrigen und stinkenden Masse auszugleiten. Auch das nützt nicht immer, denn es genügt eine Sekunde der Unbedachtheit, und schon ist es passiert.

Was tun? Wem das französische Wesen fremd ist, wird eine progressive, wenn nicht gar prohibitive Hundesteuer fordern. Allein, derlei wäre politisch nicht durchsetzbar. Schon der Versuch stürzte Paris vermutlich in revolutionäre Unordnung, denn im Land der Gleichheit gilt das ungeschriebene Privileg, daß ein jeder Herr eines Hundes sein kann. Der Philosoph Pascal hat dies in seinen »Pensées« plastisch in die Worte gefaßt: »Dieser Hund gehört mir, sagten die armen Kinder; das ist mein Platz an der Sonne.«

Diesen Anspruch auf einen Platz an der Sonne darf man den Franzosen ebensowenig verwehren wie jenen anderen auf ein Huhn im Topf. Deshalb verfiel die Obrigkeit auf den Gesetzesausweg, jeden Hundebesitzer zu verpflichten, das »Geschäft« seines Lieblings umgehend zu entsorgen. Wer dagegen verstößt, dem drohen Strafen zwischen 183 und 400 Euro. Die werden in Paris derzeit von 74 Inspektoren unnachsichtig eingefordert, die sich erst durch einen Ausweis zu erkennen geben, wenn sie Herrn und Hund in flagranti ertappen.

Das gilt, »égalité oblige«, in nämlicher Härte selbstredend auch für Frauchen, und kein noch so teurer Pelzmantel oder süßer Fiffi, dessen »crotte« dem Umfang nach eher jenen

»petits fours« ähnelt, die seine Hauptnahrung gewesen sein dürften, kann die fällige Buße mindern. Der Effekt bleibt dennoch gering, denn was vermögen 74 Inspektoren gegen 200 000 Hunde, die Tierliebe der Pariser und den unbezähmbaren Hang der Franzosen zum Anarchismus? Glücklicherweise sind nicht Hunde das liebste Haustier der Franzosen, denn sie rangieren nach Katzen und Goldfischen erst an dritter Stelle. Von letzteren soll es in französischen Haushaltungen nicht weniger als 36,6 Millionen Exemplare geben.

Die Küche oder Essen als heiliges Ritual der Geselligkeit

In Frankreich, das weiß man, gibt es zwei große Leidenschaften: das Essen und die Liebe. Welche von beiden ausgeprägter ist, heftiger oder auch nur häufiger ausgeübt wird, läßt sich nur vermuten. Wahrscheinlich ist es das Essen, das sich hier ja nicht nur auf den Akt der Nahrungsaufnahme beschränkt, sondern ein heiliges Ritual der Geselligkeit bedeutet, das umsichtig vorbereitet werden will und dessen Ablauf nicht nur eine Speisenfolge von mehreren Gängen prägt, sondern das auch buchstäblich Lebenszeit verschlingt. Ein solches Opfer fordert selbstverständlich einen Preis, der sich zunächst in Erwartung der bevorstehenden Köstlichkeiten, der appetitanregenden Vorfreude, niederschlägt und zuletzt in der Rechnung, nach dem bitteren Kaffee, der jedes noch so opulente Mahl beschließt.

Ich entsinne mich noch meines ersten Essens in Frankreich. Französische Freunde hatten die Eltern in einem elsässischen Ort eingeladen. Die Zeit: Mitte der fünfziger Jahre. Es war Sonntag, und das Restaurant war bereits brechend voll, als wir uns gegen 13 Uhr zu Tisch setzten. Tabakduft mischte sich mit

Essensgerüchen, ein lautes Gewirr von Stimmen, das immer wieder aufbrandendes Gelächter übertönte.

Das wurde für mich zur Stunde der wahren Empfindung, ein *coup de foudre*, mein Damaskus, das mich für die französische Lebensart begeisterte, meine Liebe zu Land und Leuten weckte. Dicht an dicht saß man beisammen, Junge und Alte, die Tische mit Speisen, Tellern, Gläsern und schlank aufragenden Weinflaschen vollgestellt. Dazwischen flitzten Kellner und Kellnerinnen umher, die ständig neue Platten mit Fleisch, Fisch, Gemüse und fingerlangen goldbraunen Stäbchen heranschafften, deren Auftauchen die Schmausenden mit lauten Jubelrufen begrüßten.

Kaum hatte man Platz genommen, machten neue Sensationen staunen. Die weißen Stoffservietten, die man entfaltete, waren so groß wie Kopfkissenbezüge! An jedem Eßplatz waren drei unterschiedlich große Teller, zwei Gabeln, zwei Messer, zwei Löffel, ein Arrangement, dem drei unterschiedlich geformte, hochstielige Gläser eine funkelnde Krone aufsetzten! Das war eine geradezu märchenhafte Zurüstung, wie man sie noch nie gewahrt hatte und die irgendwie bange machte.

Aber es blieb keine Zeit, sich mit dem Ungewohnten vertraut zu machen, denn schon nahte eine Kellnerin mit einem Tablett, auf dem schlanke, hohe Gläser aufragten, und einer dicken Flasche, deren fast wasserhelle Flüssigkeit perlend und schäumend in den jetzt besonders zerbrechlich wirkenden Gläsern aufstieg. Für das Kind, dem bis dahin nur ab und zu ein Schluck Weinschorle einen Blick in das Reich der Gnade geboten hatte, in dem nach seiner Vorstellung die Erwachsenen ausnahmslos lebten, war dies ein Initiationserlebnis. Damit überschritt es eine Schwelle, hinter die es kein Zurück mehr gab. Das erste Glas Champagner war ihm nichts weniger als das große Los in der Lotterie des Lebens.

Das andere große Wunder – die vielen kleinen nicht gerechnet –, das ihm während dieses Essens widerfuhr, stellten jene fingerlangen, goldbraunen Stäbchen, die seine Aufmerksamkeit gleich gefesselt hatten: *Pommes frites*! Daß diese in siedendem Fett gesottenen Schnitze roher Kartoffeln einmal solche Sensation machten, wird sich heute kaum jemand mehr vorstellen können. Damals war es aber so, denn selbst diesseits des Rheins, in Baden, in unmittelbarer Nachbarschaft zu Frankreich, war diese köstliche Zubereitung der Kartoffel völlig unbekannt oder ungebräuchlich.

Die lästigen Pellkartoffeln, an denen man sich die Finger verbrannte, wenn man sie schälte, waren die eine vertraute und entsprechend langweilige Erscheinungsform. Eine andere, ebensowenig beliebt, bot der Kartoffelbrei, dem sich nur dann ein gewisser Genuß abringen ließ, wenn man ihn unter einer dicken Schicht gebratener Zwiebelringe verbergen konnte. Ohne Zwiebeln waren auch die fetten Bratkartoffeln nicht zu denken, die unter allen Zubereitungsarten der Erdknolle am deutlichsten von der Verlegenheit der Hausfrau künden, auch wenn sich auf Bratkartoffeln dem Vernehmen nach bisweilen Verhältnisse gründeten, was den Verfasser bis heute vor ein ungelöstes Lebensrätsel stellt.

Am meisten verbreitet waren jedoch die Salzkartoffeln, die als »Saucenschwämme« dem Sonntagsbraten unverzichtbar beilagen. Je nach Jahreszeit gab es auch bescheidene kulinarische Höhepunkte des Kartoffelgenusses: Die vorzugsweise kleinen, festen, blonden Früh- oder Salatkartoffeln, die man nach dem Kochen im ganzen in Butter briet, um sie zum Spargel zu servieren. Und im Herbst, zur Martini-Gans, gab es Kartoffelklöße, am liebsten jene »halb und halb«, also zur Hälfte aus rohen und aus gekochten Kartoffeln zu Kugeln geformt.

Was aber bedeutete das alles, und selbst der köstlichste Kartoffelsalat, gegen diese goldbraunen, außen knusprigen und innen butterweichen *Pommes frites*, die so wundersame Verwandlung und Veredelung jener häßlichen und ungeschlachten Knollen, deren größte dem Sprichwort zufolge vor allem die dümmsten Bauern ernten!? Welche andere Zubereitung der Kartoffeln verschafft einem so viele unterschiedliche Genüsse!? Gut gesalzen, kann man sie einfach so essen. Sogar mit bloßen Fingern. Auch lassen sie sich in Mayonnaise, Ketchup oder ordinären Senf eintunken, ohne daß sie etwas von ihrer außen festen und innen butterweichen Konsistenz einbüßen.

Bis heute konnte ich mich nicht entscheiden, wie sie mir am besten munden – heiß und trocken zu einem saftigen Steak, einem *pavé*, oder unmittelbar vor dem Verzehr sparsam benetzt mit einer würzigen Bratensauce. Das A und O bei *Pommes frites* heißt »hausgemacht«, will sagen, sie müssen von Hand aus den rohen Kartoffeln geschnitzt und in nicht zu frischem Fett gesotten werden. Nur dann nämlich bekommen sie ihre charakteristische goldbraune Färbung, während sie ansonsten allzu blaß ausfallen. Das ist, man weiß es, zwar gesundheitsschädlich, aber welcher Genuß wäre das nicht?

Jenes erste französische Mittagessen, mit der seither vertrauten Speisenabfolge von Vorspeise, Suppe, Fisch- und Fleischgang, Käse und Dessert, zog sich übrigens über Stunden bis weit in den Nachmittag hin. Diese Dauer warf schon damals die Frage auf, ob man so lange zusammensitze, um beim Essen miteinander zu reden oder ob das Gespräch geführt werde, damit man ausgiebig essen könne.

Eine schlüssige Antwort auf diese naheliegende Frage läßt sich bis heute aber deshalb nicht geben, weil die Franzosen beim Essen über nichts lieber reden als über das Essen. Aber nicht in erster Linie über das Essen, das sie gerade zu sich nehmen, als vielmehr über Gaumengenüsse bei anderer Gelegenheit. An ein vorzügliches Mahl erinnert sich ein Franzose sein ganzes Leben lang mit Behagen und gibt darüber gerne und detailliert Auskunft.

Häufig sind im Leben die ersten Eindrücke auch die nachdrücklichsten, weil sie durch spätere Erfahrung allenfalls nur im Detail korrigiert, im großen und ganzen aber bestätigt werden. Für die Franzosen stellt das gemeinsame Essen sicherlich die beliebteste Form der Geselligkeit dar. Unvorstellbar wäre hier, daß man sich in lockerer Runde zusammensetzte, nur um mit methodischer Ruhe eine Flasche Wein nach der anderen zu leeren oder gar Bier aus Maßkrügen hinunterzuschütten.

Welche große, geradezu heilige Bedeutung das gemeinsame Mahl in Frankreich hat, läßt sich fast jedem französischen Film entnehmen. Kaum vorstellbar beispielsweise bei Filmen von Claude Chabrol, in denen nicht mit viel Liebe zum Detail ein Essen derart vorgeführt würde, daß man sofort Appetit bekäme und spontan den Entschluß faßte, nach dem Kino spornstreichs die nächstbeste *Brasserie* aufzusuchen, um den sich plötzlich einstellenden stechenden Durst und jähen Heißhunger zu befriedigen.

Unvergessen der Besuch des Films »Das große Fressen«, der riesige Kinoerfolg von Marco Ferreri zu Beginn der siebziger Jahre, den ich mir in Marseille anschaute, um mir die Zeit bis zur Abfahrt des Nachtzugs nach Barcelona zu verkürzen. Die Handlung ist denkbar einfach: Vier Herren in fortgeschrittenem Alter, aber mit jugendlichen Leidenschaften für gutes Essen und schöne Frauen, die u. a. Marcello Mastroianni und Michel Piccoli verkörpern, ziehen sich, um beiden Genüssen ungestört nachgehen zu können, in eine Villa bei Paris zurück. Hier wetteifern sie miteinander von morgens bis abends in der Zubereitung verschwenderischer Mahlzeiten, die sie unablässig in sich hineinstopfen, und umgurren gleichzeitig die einzige Frau, Andrea Ferreol, die bei diesen Saturnalien ihren »Mann« steht und unter der Fresserei sichtlich an Leibesfülle zunimmt. Wie unschwer vorherzusehen, endet das alles tragikkomisch damit, daß nacheinander jeder der vier an den Folgen dieser unmäßigen Nahrungsaufnahme buchstäblich verendet.

Dieser wunderbare, böse und witzige Film löste bei mir einen solchen Heißhunger aus, daß ich gar nicht anders konnte, als danach ohne jede Besinnung eine extragroße Pizza zu verschlingen, zu meinem Verderben reichlich mit in der südländischen Küche verschwenderisch gebrauchtem Knoblauch garniert. Die Folgen waren fürchterlich. Zwar hatte ich dank der Duftwolke, die mich nun umwitterte, ein Abteil für mich allein, aber kaum hatte sich der Zug in Bewegung gesetzt, überfiel mich stechender Durst. Ein Speisewagen war nicht angehängt, und auch der Schaffner wußte meiner Qual keine Abhilfe. Die nächtliche Fahrt am silbrig glänzenden Mittelmeer entlang war nichts weniger als die Hölle. Meine Rettung nahte erst beim längeren Halt des Zuges an der spanischen Grenze, wo ein Wasserhahn, der unter anderen Umständen einem wenig Vertrauen eingeflößt hätte, das so lang und bitter entbehrte Naß spendete.

Die Geselligkeit des Franzosen beim Essen lärmt aber keineswegs, sondern ist von geradezu intimer Öffentlichkeit. Mit Ausnahme von Hochzeiten, Taufen und ähnlichen Anlässen sind es vier, bisweilen auch sechs, sehr selten acht Personen, meistens jedoch nur zwei, die sich bei Tisch versammeln. Entsprechend klein, bisweilen geradezu lächerlich sind die Tische dimensioniert, auf denen gerade zwei Gedecke mit vier Gläsern Platz finden. Kommt der Brotkorb, unverzichtbarer Bestandteil jeder Mahlzeit in Frankreich, hinzu, wirft dessen Aufstellung bereits größere Probleme auf, während die Flasche Mineralwasser sich gerade noch in die Lücke quetschen läßt, die durch Preisgabe des Aschenbechers geschaffen wurde.

Für die Rotweinflasche läßt sich mit einigem Geschick noch ein Plätzchen finden, auch wenn jetzt die Esser in ihrer Bewegungsfreiheit für Messer und Gabel empfindlich eingeschränkt sind und diesen Nachteil durch akrobatisches Geschick ausgleichen müssen. Schier unlösbar wird der längst akute Platzmangel aber dann, wenn der ausladende *Plateau des huitres*, ein mit einer dicken Schicht aus gestoßenem Eis belegtes Tablett, auf dem die geöffneten Austern liegen, serviert wird. Das ruht zwar auf einem luftigen Drahtgestell und schwebt damit sozusagen in Kinnhöhe der Essenden über dem Tisch, aber dieses vermaledeite Gestell, dem ein Metallring, an dem die zu lichter Höhe aufsteigenden Streben befestigt sind, auf denen das überbordende Tablett mit den Meeresfrüchten balanciert, den notwendigen statischen Halt verschafft, muß nun seinerseits auf dem übervollen Tisch festen Fuß fassen können.

Die notwendigen Voraussetzungen dafür lassen sich nur durch ein umfassendes Revirement bewerkstelligen, bei dem bedauerlicherweise die beiden Flaschen dem bequemen Zugriff der Schmausenden entzogen werden, die damit der Aufmerksamkeit oder der Gnade des Kellners ausgeliefert sind, dem von nun an das Geschäft des Nachschenkens obliegt.

In Frankreich hat alles seine Geschichte. Das gute Essen, die *haute cuisine*, macht darin keine Ausnahme. Lange gehörten raffiniert zubereitete Speisen zu den Privilegien des Adels, dessen Angehörige im 17. und besonders im 18. Jahrhundert darum wetteiferten, wem die Krone der Kochkunst gebühre. Die Revolution von 1789 machte diesem Treiben einfach deshalb ein jähes Ende, weil mit ihr der Adel nicht nur seine Privilegien verlor, sondern um sein nacktes Überleben bangen mußte, was ihn häufig zur Flucht ins Ausland bewog.

Zurück blieben jedoch die Küchenmeister und Köche, hochqualifizierte Fachkräfte, die mit einemmal arbeitslos waren. Dieser Not einiger weniger verdankt sich die folgenreiche Demokratisierung der raffinierten Gaumengenüsse, denn die stellungslosen Köche wurden zu Unternehmern, die zunächst in Paris, das durch das Schauspiel der Revolution zahlreiche Fremde, Abgeordnete der revolutionären Repräsentativversammlungen und scharenweise neugierige Müßiggänger anlockte, Restaurants eröffneten, in denen diese familienlosen Fremden, die in Absteigen und Herbergen logierten, ihr Essen einnehmen konnten. Das war die Geburtsstunde der Edelgastronomie, von Delikatessengeschäften, Zucker- und Pastetenbäckern, Chocolatiers und der eleganten Kaffeehäuser, in denen man zu jeder Stunde auch ein gutes Mahl verzehren konnte.

Aus diesen neuen geschäftlichen Aktivitäten folgte rasch eine Diversifizierung und Spezialisierung des gesamten Lebensmittelhandels, die sich unmittelbar auf eine Verfeinerung und Qualitätssteigerung der Produkte auswirkte. Mit anderen Worten: Binnen kürzester Zeit fand im Schlagschatten der großen eine kulinarische Revolution statt. In den bürgerlichen Kreisen der Hauptstadt, den eigentlichen Gewinnern der Revolution, diente die Nahrungsaufnahme nicht mehr bloß dazu, die Notdurft zu stillen, sondern das Essen zu einer kultischen Handlung zu überhöhen, deren Gottheit der Genuß, der raffinierte Gaumenkitzel war.

Madame de Genlis, eine kluge Frau aus dem alten Adel, die ein vielbändiges und vergnüglich zu lesendes Memoirenwerk schrieb, hat diesen Wandel mit grämlichen Worten treffend kommentiert: »Die Jakobiner, die in Frankreich die Regeln des Anstands außer Kraft gesetzt, Höflichkeit und Galanterie abgeschafft haben, brachten auch die Feinschmeckerei in Mode, was bei ihresgleichen nicht anders sein konnte.«

Zunächst jedoch blieb diese Mode auf Paris und die »oberen Zehntausend« beschränkt. Erst mit der Konsolidierung der revolutionären Errungenschaften, der inneren Befriedung des Landes wie des rapiden Ausbaus der zentralisierten Herrschaft während der napoleonischen Ära drang die Feinschmeckerei in die Provinz und in die kleinbürgerlichen Schichten vor. Aber, wie bei Moden üblich, waren es stets nur wenige, die den Ton vorgaben, die Richtung wiesen und denen die anderen nacheiferten.

Zugleich kam noch ein weiteres, man muß sagen, typisch französisches Phänomen zum Tragen. Die Unterhaltung, der Diskurs hatte ein neues Thema, über das man sich mit wachsendem Behagen auszutauschen begann und das in Almanachen oder sich gelehrt gebenden Abhandlungen seinen Niederschlag fand. Den Anfang dieser Literaturgattung machte der berühmte *Gourmet* und *Gourmand*, der Feinschmecker und Vielfraß Grimod de la Reynière, der von 1803 bis 1810 jährlich einen Band seines »Almanach des Gourmands ou Calendrier nutritif servant de guide dans les moyens de faire excellente chère« herausbrachte. Wie sein umständlicher Titel verrät, verstand er sich als praktische Enzyklopädie der Feinschmeckerei, als unverzichtbares Vademecum eines jeden *Gourmand*, der auf sich hielt.

Das bis heute bekannteste Werk der Feinschmeckerliteratur aber ist Brillat-Savarins »Physiologie du Goût«, die zu Beginn der zwanziger Jahre des 19. Jahrhunderts erstmals und seither immer wieder verlegt wurde.

Diesem Diskurs des neuen Themas der Feinschmeckerei, der aus dem Vergleich unterschiedlicher Eßerlebnisse rasch ein eigenes Wertesystem, Kriterien der Beurteilung und der Kritik entwickelte, die mit demselben Ernst und der nämlichen Leidenschaft diskutiert wurden, die man zuvor nur Kunst, Literatur oder Philosophie gewidmet hatte, folgten bald die ersten Restaurantführer. Bis heute rechtfertigen sie sich mit der dreifachen Absicht, zu informieren, zu klassifizieren und zu verführen. Im Vorwort eines der ersten dieser Führer, in Honoré Blancs »Guide des Dîneurs ou statistique des principaux restaurants de Paris«, 1814 erschienen, werden Sinn und Nutzen der neuen Subspezies der Gattung Feinschmeckerliteratur anschaulich geschildert:

»Wie groß muß nicht der Nutzen eines Werks sein, aus dem man vor dem Ausgehen, unter den Händen seines Kammerdieners am Feuer sitzend, erfahren kann, nicht nur wo man dinieren sollte, sondern auch was der Speisezettel enthalten und was es kosten wird, das erste, das natürlichste und dauerhafteste aller Bedürfnisse zu befriedigen. Ein Werk, das Tag für Tag all denen dienlich sein wird, denen zu Hause, wie es mit einem ordinären, aber treffenden Ausdruck heißt, die

Töpfe überkochen. Vor allem jedoch den Ortsfremden wird dieses Werk oft genug vor einem ärgerlichen Fehlgriff bewahren, der nur das bitterste Bedauern zurücklassen kann, denn schließlich muß man wissen, daß jeder Mann von Geschmack, der, nur vom Zufall geleitet, schlecht unterrichtet oder beraten, ein schlechtes Abendessen zu sich nimmt, wie Titus denken muß, einen Tag verloren zu haben: *amici, diem amisi.*«

Alle Elemente des kulinarischen Kosmos waren also sehr früh bekannt. Sie wurden im Laufe des 19. Jahrhunderts, das man in Frankreich mit gutem Recht das Jahrhundert der Feinschmecker, der *Gourmets* und *Gourmands*, nennen könnte, immer weiter verfeinert, zu stetig größerem Raffinement gesteigert und schließlich als Küchenkunst kanonisiert, die in punkto Tafelfreuden aller Welt den verbindlichen Maßstab setzte. Das ist ein Traditionsbestand und Erfahrungsschatz, von dem noch heute die Großen ihres Metiers, die Ducasse, Bocuse e tutti quanti zehren, die in dieser Perspektive gesehen nur Zwerge auf den Schultern von Riesen sind.

Natürlich unterliegt auch der Geschmack Wandlungen, folgt die Feinschmeckerei Moden, aber sie alle gehorchen ausnahmslos dem nämlichen Alphabet, sind lediglich Varianten einer Syntax, die geschmeidig neuen Ansprüchen angepaßt wird. Ein wirklich neues Rezept zu kreieren, gar eine neue Geschmacksrichtung zu lancieren, dürfte unterdessen wenigstens so schwerfallen wie eine Erfindung zu machen, die den meisten in ihrem Alltag von wirklichem Nutzen ist und ihnen Erleichterung verschafft.

Heute über die französische Küche in Bausch und Bogen oder auch fein differenziert urteilen zu wollen, ist ein heikles Unterfangen, denn dabei betritt man ein Gebiet, von dem viele manches verstehen und deshalb mit zahlreichem Widerspruch gerechnet werden muß. Gleichwohl sei es gewagt. Außer Zweifel stellt die französische Spitzenküche auch heute noch einen einsamen Gipfel dar, selbst wenn sie diese Position schon lange nicht mehr allein behauptet, sondern diese sich mit einer ganzen Reihe von erstklassigen Köchen in Italien, der Schweiz, Österreich, Deutschland oder sogar Spanien teilt.

Da beginnen aber schon die Schwierigkeiten, denn, wie jeder Kenner der französischen Kochkunst weiß, ist Spitzenküche nicht gleich Spitzenküche. Bisweilen tun sich große Unterschiede auf, manche lassen einen sogar schwindelig werden, wenn nicht gar an Schwindel glauben. Wer nur einmal im magenverträglichen, will sagen gemessenen Abstand eines halben Jahres drei oder vier jener kulinarischen Gnadenstätten aufgesucht hat, die im bekannten »Roten Führer« drei Sterne tragen, wird seine eigenen Erfahrungen haben und weiß darum, daß auch diese Sterne lügen können.

Über Geschmack läßt sich, wie bekannt, vortrefflich streiten, und vor allem Feinschmecker verlieren sich dabei gerne in theologischen Spitzfindigkeiten, für die nur das Französische den angemessenen Wortschatz zu bieten hat. Einfacher ist es deshalb, über die gewöhnliche, die alltägliche Küche zu rechten und zu richten, um deren Qualität es in Frankreich wie in allen europäischen Ländern, mit der einzigen, großen Ausnahme Italien, mehr schlecht als recht bestellt ist.

Glück hat hier, wer von sich behaupten kann, daß sich bei ihm positive und negative Erfahrungen die Waage halten. Meinem Eindruck nach überwiegen jedenfalls in den letzten Jahren die negativen Erlebnisse mit steigender Tendenz. Besonders hat die Einführung des Euro in Frankreich wie überall in der Euro-Zone, wiederum mit der leuchtenden Ausnahme Italiens, das Preis-Leistungs-Verhältnis erheblich verschlechtert. Diesem Eindruck widersprechen zwar unisono alle Statistiker, aber die kann man getrost im Verdacht haben, daß sie sich überwiegend mit Fertigprodukten aus der Mikrowelle ernähren, denn die figurieren immer in ihren »Warenkörben«. Unvorstellbar jedenfalls, daß man zu Zeiten, da der *franc* noch die Währungseinheit war, in einem x-beliebigen Pariser *Bistrot* für ein *pavé*, ein eher klein zugeschnittenes

Stück gegrillten Rindfleischs mit den obligaten *Pommes frites* und als dekorativer Zugabe einer halben Grilltomate, zwischen 91 und 105 *francs* hätte bezahlen müssen. 13 bis 15 Euro sind dafür heute jedoch die Regel.

Vorbei auch längst die Zeiten, da man im Auto ziellos durch Frankreich mit der Gewißheit zockeln konnte, daß man zur Mittagstunde, wenn nicht im nächsten, so doch im übernächsten Ort ein vertrauenswürdiges Restaurant finden würde, in dem man zu angemessenen Preisen eine gute, bisweilen sogar vorzügliche regionale Küche serviert bekäme. Als Faustregel konnte in jenen sagenhaften Zeiten gelten, daß grundsätzlich alle, die als »Relais de la Poste« oder »Hotel de la Poste« firmierten, eine Qualität versprachen, die manchmal weit über dem Durchschnitt lag. Vorbei, vorbei.

Ja, heute kann es geschehen, daß man sich ganz unbemerkt in Regionen verirrt von hohem landschaftlichen Reiz, bei denen man darauf wetten möchte, daß schon um die nächste Biegung des kleinen Flusses die roten Ziegeldächer eines gastlichen Hauses verlockend aus dem zarten Grün hervorleuchten. Tatsächlich entpuppen sich diese Landschaften als falsche Idyllen, weil sie ungastliche Wüsteneien sind. Da wird Frankreich mit einemmal zum fremden, abweisenden Land, überfällt einen eine Malaise, die schließlich dazu zwingt, vor einem traurigen »Café des Sports« in einem elenden Dorf anzuhalten, um dort beschieden zu werden, daß man noch nicht einmal ein Sandwich, ein Stück altes, weiches Weißbrot mit altem Käse bekommen könne. Gott in Frankreich – warum hast du mich verlassen!?

Irgendwann zieht man aus solchen oder ähnlichen Erlebnissen die Lehre, daß man selbst in Frankreich nicht mit dem Vorsatz, gut zu essen – ob nun mit oder ohne »Roten Führer« –, essen gehen soll. Klüger ist es deshalb, sich auch in Frankreich dort zu Tisch zu setzen, wo es gefällt, sei es, weil die Inneneinrichtung des Restaurants zusagt, das Personal freundlich ist oder weil viel Betrieb herrscht, was allemal unterhaltend ist.

Legt man solche Kriterien zu Grunde, wächst die Auswahl an Gnadenstätten zumal in Paris ins schier Unüberschaubare. Da gibt es einmal die zahlreichen Brasserien, zumeist riesig dimensionierte Speiselokale, in denen man von mittags bis spät in die Nacht zu jeder Stunde ein warmes Gericht oder auch ein ganzes Menu bekommt. Das sind kurzweilige Orte, an denen jeder Gast einer Doppelrolle genügt: er ist Zuschauer und Mitwirkender in einem Schauspiel, wie man es sich abwechslungsreicher und lärmender kaum vorstellen kann und das von flitzenden Kellnern in langen weißen Schürzen ständig in Bewegung gehalten wird.

Was man hier ißt oder trinkt, gerät über diesem Treiben fast zur Nebensache, wogegen nichts zu sagen ist, da die Qualität der Speisen hier nie sonderlich herausragt. Das liegt daran, daß in den Küchen der Brasserien in zwei Schichten gekocht wird und viele Speisen nicht frisch angerichtet werden, sondern schon seit Stunden auf dem Feuer stehen. Einem *choucroute*, einem Sauerkrautgericht, gereicht das zum Vorteil, einer Lammhaxe aber eher zum Nachteil. Deshalb sollte man in einer Brasserie in der Regel entweder eine große Platte mit Meeresfrüchten bestellen, die meist roh verzehrt werden, oder man entscheidet sich für ein Stück gegrilltes Fleisch, das auf jeden Fall frisch zubereitet werden muß.

Nein, wer eine Brasserie aufsucht, will Spektakel, nicht kulinarische Raffinesse. Am besten setzt man sich an einen Ecktisch, von dem aus sich das ganze Treiben überblicken läßt. Außerdem gibt es überall an den Wänden große Spiegel, die das Geschehen im Saal vielfältig wiedergeben. Lauter glückliche Zecher, Statisten auf einer Bühne, auf der des Volkes wahrer Himmel gegeben wird. Dieser Anblick steigert unweigerlich den eigenen Appetit, ja, bisweilen mag einen sogar das wohlige Gefühl beschleichen, Teil eines einzigen großen Magens zu sein. Das ist verführerisch, verlockt zur Völlerei, zur ausgelassenen Bestellung von allerlei kleineren Gerichten, was man vor sich und anderen mit der durchsichtigen Ausrede zu rechtfertigen sucht, den ganzen langen Tag noch nichts genossen zu haben. Manchmal gibt man sogar der Versuchung nach, die geheiligte Menüabfolge zu durchbrechen, verlangt es einen nach dem Dessert noch nach etwas Deftigem, nach *Cervelas rémoulade* zum Beispiel... Ein kleines Gulasch geht ja bekanntlich immer.

Das Gegenstück zur Brasserie heißt *Bistrot*, ein Speiselokal, das weder Restaurant noch Brasserie ist, wo dem Gast nur eine beschränkte Auswahl an warmen Gerichten geboten wird. Die Genrebezeichnung *Bistrot* stammt angeblich aus dem Russischen und bedeutet soviel wie schnell. Mit ihrer kehligen Forderung *Bistrot, Bistrot*! sollen, so die Fama, die russischen Soldaten, die 1815 nach der Niederlage Napoleons bei Waterloo in Paris einzogen und an den Champs Elysées kampierten, den Parisern nachhaltig in Erinnerung geblieben sein.

In Paris wie in ganz Frankreich gibt es solche und solche *Bistrots* und entsprechend viele einschlägige Führer. Aber auch bei deren Auswahl sollte man sich am besten von den eigenen Eindrücken leiten lassen. Auf jeden Fall kann man im *Bistrot* in den Wonnen der Gewöhnlichkeit schwelgen, deren höchste ein hartgekochtes Ei mit reichlich Mayonnaise ist. Manche *Bistrots* sucht man aber ganz gezielt wegen ihrer deftigen Spezialitäten auf. Hier wird beispielsweise ein Tatar serviert, das mit dem Messer geschnitten wurde, also in Farbe und Konsistenz intensiver und gröber ist, als der häufig allzu bläßliche und irgendwie wäßrige Hascheeklops, den man sonst vorgesetzt bekommt. Oder das Angebot der Tagesgerichte auf der *ardoise*, der mit Kreide beschrifteten Schiefertafel, Merkmal jedes richtigen *Bistrots*, aktiviert die Speicheldrüsen. Ein *petit salé*, ein Schweinerippchen auf Linsengemüse beispielsweise oder *joue de porc*, zarte Schweinebäckchen, die mit Backpflaumen in Rotwein geschmort werden, sind allemal unwiderstehlich. Ach, auf Schwein ist in den *Bistrots* immer Verlaß.

Unter diesen und anderen Genüssen beginnt dem unbeschwerten Zecher in Frankreich irgendwann eine weitere

Einsicht zu dämmern: die *haute cuisine* ist das hehre Ideal, das selten hält, was man sich von ihm verspricht, eine Erfahrung, für die man stets tief in die Tasche greifen muß. Klüger deshalb, sich mit der traditionellen Küche zu bescheiden, der *cuisine des notables*, der bürgerlichen also, die in Frankreich immer noch bei weitem abwechslungsreicher und schmackhafter ist als all jene Rouladen mit Rotkraut oder fetten Schweinebraten mit Weißkraut, die Jäger-, Zigeuner- oder Puszta-Schnitzel, die in deutschen Landen einem diese Bezeichnung vergrault haben.

Die *cuisine des notables* ist eine bodenständige, solide, alles andere als kalorienarme Küche, die hungrige Esser voraussetzt und damit unschwer ihr bäuerliches Herkommen verrät. Zarte Mägen sollten sie deshalb tunlichst ebenso meiden wie all jene, denen eine schlanke Figur wichtiger ist als jede Gaumenfreude. Auch sollte, wer dieser Küche nicht widerstehen kann, hinterher nicht gleich in seinen Cholesterinspiegel gukken. Der Schrecken, der ihn da überfällt, könnte leicht den gehabten Genuß trüben.

Im übrigen sollte man sich hier jener Nonchalance befleißigen, die der Hersteller des in Frankreich in den dreißiger Jahren sehr verbreiteten Podagramittels mit dem hübschen Namen »Pipérazine Midy« jenen empfahl, die ihren allzu regen Zuspruch zur *cuisine des notables* mit stark schmerzenden Gichtanfällen büßen mußten. 1938 veröffentlichte Édouard de Pomiane im Auftrag dieses Arzneimittelfabrikanten ein Kochbuch mit dem wahrhaft abschreckenden Titel »Vingt Plats qui donnent la Goutte«, das einen annähernd vollständigen Querschnitt jener Gerichte bietet, die man als Gichtbrüchiger unter allen Umständen meiden sollte, ein Gebot, von dem einen allerdings die regelmäßige Einnahme von zwei bis vier Teelöffeln seiner Wunderessenz zu befreien versprach. Da dieses Mittel schon lange nicht mehr angeboten wird, dürfte es sich dabei jedoch vermutlich nur um ein leeres Versprechen gehandelt haben.

Einmal mehr drängt sich die Frage auf, ob sich die französische Küche verändert habe. Die Antwort lautet ehrlicherweise ja und nein. Diese Zwiespältigkeit läßt sich damit erklären, daß es auch heute noch eine gute, eine traditionelle französische Küche, die auf der soliden Basis exzellenter Produkte gezaubert wurde, gibt, aber nicht mehr überall und schon gar nicht mehr in der vertrauten Fülle. Einer der Gründe liegt darin, daß andere, zumal preiswertere, deshalb nicht notwendigerweise schmackhaftere Küchen wie die asiatische, nordafrikanische und libanesische sich in Frankreich immer mehr verbreiten.

Das Erlebnis kennt jeder, den das Schicksal einmal an einem vorzugsweise verregneten Herbstabend, bei richtigem Maigret-Wetter also, in eine französische Kleinstadt verschlug. Hat er sich mittels Kirche, Rathaus, Schule und Kriegerdenkmal versichert, in der Ortsmitte zu stehen, wird sein Blick zwar auf eine Leuchtschrift fallen, die eine Brasserie ankündigt, die sich aber bei genauerer Inaugenscheinnahme als trostlose Kneipe mit zwei oder drei Flipper-Automaten entpuppt.

In einer nahe gelegenen Seitenstraße wird er dann einen »Chinesen« entdecken, der aber auch kein Vertrauen einflößt. Ähnlicher Verdruß stellt sich in einer schmalen und dunklen Gasse bei der Musterung des obligaten »Roi de Couscous« ein. Dann bleibt nur noch der am Stadtrand zwischen zwei Baumärkten und einer Gärtnerei eingeklemmte und zirkusbunt beleuchtete McDonald's. Ein Grimod de la Reynière trüge sich jetzt gewiß mit Selbstmordgedanken.

Das Problem besteht einfach darin, daß die noch existierende traditionelle, gute bis vorzügliche französische Küche für die meisten unerschwinglich geworden ist. Die schiere Trostlosigkeit französischer Provinzstädte, abseits der touristischen Trampelpfade, kündet davon. Zum anderen ist die französische Küche ihrer Tradition nicht nur verhaftet, sondern sehr viele Wirte können sich partout nicht vorstellen, mit einfachen, schnell zubereiteten, dennoch schmackhaften und preiswerten Gerichten jener Konkurrenz exotischer oder amerikanischer Fast-food-Angebote erfolgreich die Stirne zu bieten.

Angesichts dessen liegt es auch in Frankreich nahe, auf den Sack einzuprügeln, den man mit dem Esel verwechselt. Spätestens seitdem er eine McDonald's-Filiale zertrümmerte, gilt José Bové, der traditionalistisch gesinnte Chef der Bauerngewerkschaft, der seine Ähnlichkeit mit Asterix umsichtig pflegt, als großer Volksheld. Aus dessen Popularität, der sich sogar der Staatspräsident beugen muß, zu schließen, der amerikanische Bulettenbrater wäre in Frankreich ohne Chancen, erweist sich jedoch als großer Irrtum. Ausgerechnet in dem Land, das auf seine gute Küche so stolz ist, florieren über 950 McDonald's-Filialen, deren Jahresumsätze noch höhere Wachstumsraten aufweisen als jene im Mutterland USA. Kein Wunder also, daß immer mehr französische Jugendliche übergewichtig sind.

Louis XVI. war ein rechter Gemütsmensch. Als er auf seiner Flucht vor der Revolution am 21. Juni 1791 in Varennes-en-Argonne gestellt wurde, verschlug ihm das keineswegs den Appetit. Im Gasthof daselbst soll er sich, so behauptet jedenfalls die Anekdote, eines seiner Lieblingsgerichte, *pieds de porc à la Sainte Menehould*, gebackenen Schweinefuß, ein Traditionsgericht der *cuisine des notables*, zum Abendessen bestellt haben. In der aktuellen Ausgabe des »Roten Führers« findet sich dieses Varennes gar nicht verzeichnet. Das läßt Trübes ahnen. Wessen Flucht dort heute endete, könnte sich wohl nur, wenn er denn Glück in solchem Unglück hätte, in einem McDonald's den Kiefer beim Verzehr einer dreistöckigen Bulette verrenken.

Kein Thema ist so unerschöpflich wie dieses: toujours l'amour

Kein Thema ist unerschöpflicher als dieses. Oder gilt dies nicht viel mehr für das Interesse, welches ihm immer zugewendet wird?

Kaum ein Monat vergeht, ohne daß nicht eines der zahlreichen Magazine Käufer mit der Behauptung lockt, die Franzosen seien zweifelsfrei die besten Liebhaber der Welt. Das wird sich jeder stets gerne bestätigen lassen, obwohl sich der Verdacht nicht von der Hand weisen läßt, daß auch dann Käufer scharenweise nach dem Magazin griffen, das die Kühnheit besäße, mit dem Titel aufzumachen: »Franzosen, die schlechtesten Liebhaber der Welt!« Das eine ließe sich so schwer beweisen wie das andere, das aber immerhin den Vorzug hat, zu schmeicheln.

Setzen wir also voraus, daß die Franzosen die besten Liebhaber der Welt sind, eine Einschätzung, die fraglos mit ihrem Selbstbild übereinstimmt. Natürlich auch mit dem der Italiener, der Spanier, Amerikaner oder Deutschen. Allenfalls den Engländern kann man die selbstsichere Gemütsruhe unterstellen, an diesem unsinnigen Wettbewerb nicht teilnehmen zu wollen, denn die schämen sich des Phlegmas nicht, das man ihnen in dieser Frage gerne nachsagt.

Außer Zweifel kann jedoch stehen, daß die Franzosen in Sachen Liebe einen Ruf besitzen, an dem keinerlei Skrupel nagen können. Den verdanken sie zumal dem Reichtum an einschlägiger Literatur, galanter wie pornographischer. Die französische Nationalbibliothek, eines der größten Bücherschatzhäuser der Welt mit dem gesetzlichen Auftrag, alle Druckschriften in französischer Sprache ohne Ansehen ihres Anspruchs oder Inhalts zu sammeln, besitzt von allen vergleichbaren Institutionen sicherlich die größte Sammlung an pornographischen Werken. Diese werden, so behauptet es jedenfalls die Fama, an einem eigens gesicherten Ort in den riesigen Magazinen aufbewahrt, der den bezeichnenden Namen »L'Enfer«, »Hölle«, trägt. Der Literaturkritiker Pascal Pia hat mit geradezu mönchischem Eifer einen bis zu seinem Tod 1979 fortlaufend ergänzten Katalog dieser Bücher erstellt (»Les Livres de l'Enfer du XVIe Siècle à nos jours«, Paris 1998), der doppelspaltig gedruckt einen Band stattlichen Formats mit 887 Seiten füllt. Liest man nur dessen Namensindex, stellt man unschwer fest, daß die Masse der aufgeführten Titel von französischen Autoren stammt. Das wird schon seine Richtigkeit haben, auch wenn Pia in aller Bescheidenheit zu bedenken gibt, daß sein Verzeichnis keinerlei Anspruch auf einschlägige Vollständigkeit erheben könne.

Was beweist das? Daß sich von Masse nicht auf Klasse schließen läßt, ist bekannt. Andererseits verrät sich darin aber ein ganz besonderes Interesse, das man hier offensichtlich seit je dem Thema entgegenbrachte. Dieses Interesse ist bis heute ungebrochen, wie das Beispiel meiner Buchhandlung lehrt, wo gleich neben der Abteilung des esoterischen Schrifttums ein ganzes Regal von oben bis unten mit erotischen bis kraß obszönen und pornographischen Büchern vollgestopft ist, deren mal verspielt, mal überaus eindeutig gestaltete Umschläge eine zielgerichtete Neugierde auf den Inhalt des jeweiligen Werks wecken sollen. Die heiße Ware hat also ihre Käufer, und, da es sich um eine sehr angesehene und gut sortierte literarische Buchhandlung in Paris handelt, offensichtlich auch und gerade unter der Klientel, die sich hier mit anspruchsvollen Romanen oder Essays eindeckt.

Der Umstand, daß in Frankreich – nicht nur in Paris ist das so, sondern auch in der Provinz, wo man sich erotische Reißer sogar im Supermarkt zu Obst und Gemüse in den Einkaufswagen legen kann – eine anstößige Literaturgattung nicht verschämt unterm Ladentisch gehandelt, sondern ganz offen verkauft wird, klärt zunächst einmal auf, daß man hier zu Lust und Liebe ein offenes und freieres Verhältnis zu haben scheint. Das mutet zunächst einmal sehr sympathisch an und bestätigt, was man schon immer von den Franzosen zu wissen glaubte.

Alle Belange des Geschlechtlichen erfreuen sich hier der nämlichen Selbstverständlichkeit wie andere Grundbedürfnisse, etwa Essen und Trinken. Darüber hinaus verfügt das Französische über einen solchen Ausdrucksreichtum für alle nur erdenklichen Liebesdinge wie vermutlich keine andere Sprache, ohne ins Vulgäre abzugleiten. Diesen Vorzug soll man nicht gering achten, denn auch die Liebe und die Regeln des Liebesspiels sind Verhandlungssache und wollen verabredet sein. Ja, es gehört zum guten Ton französischer Konversation, auch im verliebten Gespräch jeglichen als vulgär oder auch nur als gewöhnlich geltenden Ausdruck zu vermeiden. Wer sich das einschlägige Vokabular aneignen will, wird nicht umhinkommen, sich in die reichlich angebotene Literatur zu vertiefen – zu strikt sprachkundlichen Studienzwecken, versteht sich.

Die Offenheit, mit der in Frankreich vom Geschlechtlichen im allgemeinen wie auch von sexuellen Praktiken im besonderen gesprochen wird, kann bisweilen aber doch überraschen, auch wenn in der Regel über letzteres dennoch ein zarter Schleier, der manches im vagen und unbestimmten läßt, gebreitet wird. Als zum Beispiel die Bedrohung durch das Aids-Virus, in Frankreich spricht man von *sida*, heiß diskutiert wurde und die heikle Frage aufs Tapet kam, ob auch beim Oralsex ein Präservativ verwendet werden müsse, vermieden die seriösen Medien, wenn sie denn überhaupt diese Frage anzuschneiden wagten, eine klare Antwort. Die aufkommenden Unsicherheiten beendete schließlich die Frauenzeitschrift *Marie-Claire* beherzt damit, daß sie ihren Leserinnen die bündige Auskunft gab, sie sollten bei der Fellatio ihre Vorsicht allein darauf beschränken, sich zuvor nicht die Zähne zu putzen, um so das Risiko zu vermeiden, dabei das Zahnfleisch zu verletzen. *Vive la France!*

Wie man aber einen Partner kennenlernen kann, dafür gibt es selbst im diesfalls so offenen Frankreich kein schlüssiges Rezept. Eine Voraussetzung dürfte aber gewiß die sein, sich die Zähne geputzt zu haben. Alles weitere ist Erfahrungssache, die sich bekanntlich nur schwer mitteilen läßt. Man muß es einfach versuchen, manchmal klappt es ja sogar.

Nach dieser Methode scheinen übrigens die meisten Franzosen vorzugehen. Nicht selten kann man erleben, wie auf offener Straße, häufiger noch im Café oder Bistrot einer Frau Komplimente gemacht werden. Das ist zunächst charmant, drückt bisweilen vielleicht nur absichtslose Bewunderung aus, aber in jedem Fall hat Man(n) sein Interesse bekundet. Jetzt entscheidet, wie die Frau darauf reagiert. Antwortet sie nur mit einer spitzen, knappen Bemerkung, hat man die Wahl, sofort den Rückzug anzutreten oder aber ihr mit einer geistreichen Wendung zu replizieren, die sie nun wieder parieren kann oder nicht. Tut sie's nicht, ist der Versuch endgültig gescheitert. Im anderen Fall darf man vorsichtige Hoffnung schöpfen, die losen Enden zu einem Gesprächsfaden zu knüpfen, mit dem man sie dann möglicherweise erfolgreich umgarnen kann.

Häufig klagen Frauen, daß die Männer sich bei der »Anmache« einfach zu blöd anstellen. Gern wird dabei zwischen zwei

Typen unterschieden: dem »Romantiker« und dem »Don Juan«, dem routinierten Verführer.

Der »Romantiker« wird bisweilen gefürchtet, weil er es womöglich ernst meinen könnte, sich auf der Stelle verliebt und dann mit seinen Beteuerungen und Schwüren lästig fällt, zumal dann, wenn Frau ihn längst für einen Typen hält, mit dem sie keine richtige Beziehung eingehen will. Der Verführer hingegen zielt nur auf den schnellen Erfolg, wird sich, kaum daß er seinen Triumph ausgekostet hat, sofort ab- und einem neuen Objekt seiner unersättlichen Begierde zuwenden. Daran nimmt die Französin in der Regel zwar weniger Anstoß, aber diesem Typ verargt sie, daß er meist nur selbstbezogen agiert. Er stellt hinterher die Frage: Wie war ich?

Solch tumben Machismus schätzt keine Frau, schon gar nicht eine Französin. Im Unterschied zum Romantiker kann Frau den Typus des Verführers aber schon lange vor dieser Frage erkennen. Mit seinem ganzen Gehabe wird er nämlich demonstrieren, daß er eigentlich kein besonders brennendes Interesse an ihr hat. Zum Rendezvous erscheint er mit Verspätung, ohne den mindesten Versuch einer Entschuldigung. Außerdem wird er im Gespräch sogleich unverblümt auf sein Ziel hinsteuern, wird alle von einer Frau in dieser Phase erster Anbahnung so geschätzten beiläufigen Mitteilungen über Neigungen, Vorlieben und literarische Interessen meiden, nur um nicht kostbare Zeit mit jemandem zu vertun, dessen er sich als Beute schon sicher weiß.

Der Typus Mann, den Frau und folglich auch die Französin schätzt, ist derjenige, der die Frauen um ihrer selbst liebt, ihnen das Gefühl gibt, daß die jeweilige für ihn die Schönste, Begehrenswerteste, Attraktivste sei. Wenn er dies nicht mit der routinierten Selbstsicherheit des erfolgsverwöhnten Verführers tut, sondern mit einer sie unweigerlich anrührenden zögerlichen Jungenhaftigkeit, wird er sie im Sturm erobern, d. h. wird die Frau es sein, die ihn verführt. In seinem hinreißenden Film *L'Homme qui aimait les femmes*, »Der Mann, der die Frauen liebte«, hat François Truffaut diesem Typus ein schönes Denkmal gesetzt, das, wie sollte es auch anders sein, häufiger von Frauen als von Männern bewundert wird.

Die Begegnung zwischen Mann und Frau tritt in Frankreich regelmäßig dann in das »kritische« Stadium einer sich unmittelbar anbahnenden Liebesaffäre, wenn man sich nach einem gemeinsamen Bummel oder einem Kinobesuch zum ersten Mal zum Abendessen verabredet hat. Eine Frau, die einer solchen Einladung folgt, mit leichter Verspätung im vereinbarten Restaurant ankommt, um sich sogleich wortreich zu entschuldigen, ausgerechnet heute sei sie vom Chef aufgehalten worden oder sie habe noch eine Besorgung für die kranke Mutter, die, wie sie diskret einfließen läßt, in Neuilly lebt, erledigen müssen, folglich keine Zeit gehabt, ihr Äußeres zu richten, geschweige sich umzuziehen – eine solche Frau weiß, daß sie den Abend oder die Nacht nicht allein verbringen wird.

Dem kritischen Auge des Gegenübers entgeht dabei nicht, daß sie natürlich doch mit zurückhaltender Raffinesse geschminkt ist, die Fingernägel frisch lackiert sind, die makellose Bluse scharf gebügelt und das knappe Kostüm, das ihre Figur vorteilhaft zur Wirkung bringt, kaum einen langen Tag im Büro getragen worden ist. Sobald der Kellner die Speisekarten gebracht hat und sie sich mit anmutig sanftem Widerstand zu einem Glas Champagner als Apéritif überreden ließ, wird sie mit Hinweis auf ihre stattgehabte Hetze aufstehen, um sich, wie sie versichert, wenigstens die Nase zu pudern und die Haare zu richten, in Richtung Damentoilette entschweben.

Das gehört unvermeidlich zum Balzritual, denn so führt einem die Französin nicht nur ihren *cœur* vor, den Mann bislang nur mit diskreten Blicken streifen konnte, sondern auch ihren *carreau*, wie man diese weibliche Rundung zu Zeiten Dantons galant nannte, die sich nun in aller Muße betrachten läßt.

Ja, die Französin versteht, sich verführerisch in Szene zu setzen, weshalb man besser rechtzeitig auf die spätere Überraschung ihrer mit Bedacht gewählten zarten Dessous vorbereitet sein sollte, wie auch darauf, daß Frau zu solchen Gelegenheiten gerne einen *porte-jarretelles* mit schwarzer oder weißer Spitze – im diesfalls besonders lautmalerisch-plumpen Deutsch also Strapse – trägt, was man unbedingt be-, worüber man sich aber keinesfalls laut verwundern sollte. – Das weitere Geschehen verbirgt der Vorhang, mit dem wir die Szene jetzt verhüllen.

Eine Französin mag nur sehr ausnahmsweise den *one-night-stand*, vielmehr erwartet sie unausgesprochen, daß sich das Ritual, auch das nächste Mal unbedingt mit einem Abendessen zu beginnen, binnen Wochenfrist wiederholt. Dazu will sie wieder rechtzeitig aufgefordert, eingeladen werden. Sie wird sich vielleicht zunächst etwas zieren, die eine oder andere Verpflichtung – die Mutter liegt immer noch krank danieder – vorschützen, um dann schließlich doch, spätestens beim zweiten Anruf, dem sanften Drängen nachzugeben und einzuwilligen.

Wer aber glaubt, im Bewußtsein seiner Eroberung sich Nachlässigkeiten erlauben zu können, kurz, wer sich nicht binnen drei Tagen nach der ersten gemeinsamen Nacht meldet und ein neues Rendezvous vorschlägt, sondern damit zwei, drei Wochen ins Land gehen läßt, der wird eine böse Überraschung erleben. Entweder, es wird ihm gleich beim Anruf energisch beschieden, er möge in absehbarer Zeit keineswegs auf ein Wiedersehen hoffen, da sie die Mutter zur Kur begleite. Oder aber, wenn er Glück hat, beginnt alles wieder von vorne: Er muß nicht nur einen Spaziergang an der Seine entlang absolvieren oder an einem regnerischen Sonntag nachmittag vorm Kunstfilmkino in einem entlegenen Stadtteil ausharren, sondern – das ist der Gipfel der grausamen Strafen, die klaglos zu ertragen sind – er muß wiederholt in einer Teestube ausharren, in der man weder Alkohol trinken kann noch rauchen darf, bis sie erscheint.

Erst, wenn er alle diese Prüfungen bestanden hat, kann er damit rechnen, daß sein schon wiederholt vorgebrachter Vorschlag, doch wieder einmal ein gemeinsames Abendessen einzunehmen, huldvoll erhört wird mit den alles und nichts verheißenden Worten: *Une bonne idée, chéri*!

In Frankreich ist es also keineswegs leichter als anderswo, eine Frau zu erobern. Vielleicht ist es hier sogar schwerer, denn wie ließen sich sonst die Kleinanzeigen erklären, jene verzweifelten Flaschenposten, die einfach ausgeworfen werden in der vagen Hoffnung, daß sie den bekannten unbekannten Adressaten erreichen. Die Lektüre der entsprechenden Spalte in der linken Tageszeitung *Libération* ist unterhaltsam und aufschlußreich.

Da fuhr einer an dem und dem Tag im Zug von hier nach da, und ihm gegenüber saß eine Brünette, die ein Buch von Montherlant las. Man wechselte so manchen Blick, allein es kam nicht zum Gespräch, denn sie stieg da oder dort bereits aus. Bitte melden! Es folgt eine E-Mail-Adresse. Oder: Gestern in dem oder jenem Café. Sie saß mit einer Freundin in einer Nische. Hinreißend ihr Rock im schwarz-weißen Hahnentritt und ihr eleganter Mantel mit dem breiten schwarzen Pelzkragen, der so gut zu ihren blonden Haaren kontrastierte. Man hatte mehrfach Blickkontakt und schien sich zu gefallen. Bitte am nämlichen Ort an dem und dem Tag zu der und der Stunde sich wieder einfinden.

Verpaßte Gelegenheiten, lauter Romananfänge. Wer antwortet auf solche Anzeigen? Die, die gemeint war? Oder eine andere, einsame Frau, die sich so eine Begegnung erhofft? Man weiß es nicht. Aber jeden Tag gibt es neue solcher Flaschenposten in *Libération*. Eine große Stadt wie Paris ist voller Phantasmen und Phantasten. Viele träumen hier vom jähen, schnellen Glück. Alle Frösche haben sich längst in Prinzen verwandelt. Eines Tages wird er einfach vor mir stehen, und ich weiß, er ist es. Männer haben ihre Phantasien, Frauen haben ihre Phantasien, aber wie schwer ist es, sich zu finden, sich zu begegnen! »Flug Easy Jet, 13 / 12 / 04, Nizza–Paris, 21 Uhr 10. Sie, groß, dunkelblond, blaue Augen, in der Nähe des Notausstiegs. Ich, dahinter, brünett. Austausch einiger hastiger und scheuer Blicke, dann dieses letzte, nachdrückliche mich Anschauen. Ihre Augen haben mich verwirrt. sartreivxs@wanadoo.fr«.

Eine Fee? Eine Barbie-Puppe? Oder einfach die Traumfrau? – Meistens geben Männer solche Anzeigen auf. Sind Frauen zurückhaltender mit ihren Hoffnungen? Oder realistischer? Vielleicht vermuten sie auch nur, daß George Clooney nicht *Libération* liest, womit sie wahrscheinlich recht haben dürften.

Auf alle diese Fragen gibt es keine verläßlichen Antworten. Wie sollte es auch anders sein, denn, wer genießt, schweigt bekanntlich. Aber glücklicherweise sind wir in Frankreich, wo man sich eines Ausdrucksmittels bedienen kann, mit dem man alles, auch das Verborgenste und Intimste, vor fremden Augen und Ohren ausbreiten darf: die Literatur und auch der Film.

Wahrscheinlich irrte jedoch sehr, wer die einschlägige Bekenntnis- und Memoirenliteratur für bare Münze nähme, wer glaubte, ihm würden hier wahre Geschichten von *passions amoureux* aufgetischt, er erhielte Einblick in Lust und Leidenschaft, wie sie von den Franzosen erlebt und ausgelebt werden. Worüber diese Literatur mit Gewißheit Auskunft gibt, sind die Phantasien, die beide Geschlechter miteinander verbinden, sind ihre sexuellen Phantasmagorien, angesichts derer man aber füglich zweifeln darf, ob sie je zur Realisierung drängen.

Niemand käme hier auf die Idee, die Schriften des Marquis de Sade, mittlerweile auch in preiswerten Taschenbuchausgaben erhältlich, als Anleitungen für die Choreographie der nächsten Orgie zu lesen, die am kommenden Freitag Schlag Mitternacht in einem abgelegenen Schloß in der Normandie stattfindet.

Davon wie von den *partouzes*, den Gruppensexorgien in den Katakomben von Paris, von denen immer wieder geraunt und auf Nachfrage versichert wird, selbst habe man daran noch nicht teilgenommen, aber ein guter Freund sei schon häufiger zugegen gewesen und habe detailliert berichtet, von all dem darf man getrost vermuten, daß es sich um viel Rauch handelt, den wohl nur ein kleines Feuer erzeugt hat.

Das liefert einen Hinweis für die längst gehegte Vermutung, daß die Trägermedien für sexuelle Phantasien in Frankreich nicht nur Buch und Film sind, sondern vor allem auch das Gerücht. Das beglaubigt sich dadurch, daß die Botschaft unterm Siegel strikter Vertraulichkeit weitergegeben wird, was die Umlaufgeschwindigkeit enorm steigert. Je zahlreicher solche Gerüchte im Schwange sind, desto detaillierter oder raffinierter werden sie ausgeschmückt, desto mehr entfernen sie sich aber auch von der erlebten Wirklichkeit mit dem paradoxen Effekt, daß ihre Glaubwürdigkeit wächst. Das kann vor allem in der Provinz, wo das Leben hinter der Fassade nachbarschaftlicher Freundlichkeit und Offenheit oft durch Neid, Mißgunst und stets waches Mißtrauen untereinander vergiftet wird, bisweilen fürchterliche Folgen haben.

Die Justizkatastrophe, die 2003 monatelang in einer elenden nordostfranzösischen Kleinstadt vorgeführt wurde, als sich rund zwanzig Erwachsene aus sozial sehr prekärem Milieu – darunter auch ein Arbeiterpriester – vor Gericht wegen des angeblich organisierten Mißbrauchs von Minderjährigen verantworten mußten, ist dafür nur ein Beispiel. Polizei, Staatsanwälte, Richter und vor allem die selbsternannten Fachgutachter aus dem Bereich der Sozialfürsorge waren von der Schuld der Angeklagten zutiefst überzeugt, für die lediglich einige verworrene, häufig widersprüchliche und unter der Dauer der Verhandlungen immer weitschweifiger werdende Aussagen der angeblichen Opfer als »Beweise« einstanden.

Angesichts dieser »Beweislast«, die den Kreis der Beschuldigten kontinuierlich wachsen ließ und Gericht wie Öffentlichkeit um so mehr von der Schuld der Angeklagten überzeugte, als auch eine Hauptangeklagte sie durch »Geständnisse« stützte, obwohl selbst ein Laie in Psychiatrie diese als grenzdebil erkannt hätte, hatten die Beschuldigten, die leidenschaftlich ihre Unschuld beteuerten, lange keine Chance, Gehör, geschweige Glauben zu finden.

Dieser Prozeß platzte nach quälenden Wochen schließlich, die allermeisten Angeklagten wurden aus der langen Untersuchungshaft nicht nur entlassen, sondern bekamen auch Haftentschädigung, die allerdings weder den Ruin ihrer bürgerlichen Existenzen noch den ihres guten Rufs kompensieren konnte. Die Sache endete allein deshalb, weil die immer weiter ausufernde Monstrosität der Anschuldigungen deren Glaubwürdigkeit zum Einsturz brachte. Das Gericht konnte sich nicht länger der Einsicht verweigern, daß es dem wirren Gespinst einer sexualpathologischen Phantasmagorie aufgesessen war, die sich allein auf dubiose Gutachten, widersprüchliche Zeugenaussagen und vor allem auf die allzu große Bereitwilligkeit stützte, alles von vorneherein für wahr und wirklich zu halten.

Der Prozeß von Outreau, einem von den Folgen der Deindustrialisierung einer ganzen Region gezeichneten Ort mit überdurchschnittlich hoher Arbeitslosigkeit und der damit einhergehenden umfassenden Desolatheit und Tristesse, ist aber nur ein Beispiel dafür, wie leicht in Frankreich eine an sexuellen Ausschweifungen sich delektierende Phantasie zu einem Justiz-Tsunami werden kann, der die Reputation selbst der achtbarsten Bürger einer Stadt zerstört.

Das einschlägige Exempel dafür liefert ein Prozeß 2003 in der südwestfranzösischen Stadt Toulouse, die in allem das genaue Gegenstück zum heruntergekommenen Outreau ist. Vor Gericht stand ein mehrerer Morde beschuldigter Zuhälter. Als Hauptzeugen der Anklage traten zwei ehemalige Prostituierte auf, die während des Prozesses mit der Aussage überraschten, daß der Angeklagte im Auftrag einiger Honoratioren der Stadt sadistische Orgien in einem schloßähnlichen Gemäuer in der Nähe von Toulouse veranstaltet habe. An diesen Orgien, die zu Beginn der neunziger Jahre stattgefunden hätten, seien sie vom Angeklagten dazu gezwungen worden, als Opfer perversester Ausschweifungen, von ihnen detailliert geschildert, teilzunehmen. Als einen ihrer Peiniger hätten sie zweifelsfrei den damaligen Bürgermeister von Toulouse, Dominique Baudis, sowie den Generalstaatsanwalt Marc Bourraggué erkannt.

Kaum waren diese Beschuldigungen der beiden Prostituierten gerüchtweise an die Öffentlichkeit gedrungen, setzte ein riesiger Medienrummel ein. In den Fernsehnachrichten, Magazinsendungen und in der Presse wurden in rascher Folge immer mehr Einzelheiten von diesen angeblichen Orgien publik gemacht, und stets wurde in deren Zusammenhang der Bürgermeister als einer der Beteiligten genannt. Den Höhepunkt erreichte diese Pressekampagne, als ein weiterer angeblicher Zeuge im Programm der beiden wichtigsten Fernsehsender TF1 und France 2 auftrat, der diese Orgien, an denen er als Assistent teilgenommen haben wollte, schilderte und ebenfalls den Bürgermeister als einen der Hauptakteure bezeichnete.

Richter und Öffentlichkeit schenkten diesen Anschuldigungen vermutlich um so bereitwilliger Glauben, als sie ein Szenario und Geschehensabläufe entwarfen, die bis in nebensächlichste Einzelheiten eine verblüffende Ähnlichkeit mit jenen Schilderungen sadistischer Orgien aufwiesen, die dem Skandal machenden Roman »Histoire d'O« in den sechziger Jahren nicht nur in Frankreich, sondern weltweit zu einem der großen und dauernden Erfolge der Gattung pornographische Literatur verhalfen. Daß verurteilte Kriminelle ihre phantastischen Anschuldigungen vor dem Hintergrund weit verbreiteter Kenntnis solcher Literatur glaubhaft machen und damit das Ansehen bekannter und respektabler Bürger ruinieren konnten, ist in dieser fürchterlichen Konsequenz wohl nur in

Frankreich vorstellbar. Die sexuellen Phantasmagorien, von denen man hier immer wieder hört und liest, machen es geradezu unvermeidlich, daß kritischer Widerspruch zu Gunsten einer Sensationsgier abdankt, die endlich den gerichtsfesten Zeugenbeweis für dieses brünstige Geschwätz zu haben wähnt.

Deshalb mußte Dominique Baudis anderthalb Jahre darauf warten, bis alle gegen ihn erhobenen Anschuldigungen als reines Hirngespinst einiger Krimineller anerkannt wurden. Das Verfahren gegen Baudis wurde im Januar 2005 eingestellt, nachdem sowohl Richter wie Staatsanwalt endlich zur Überzeugung kamen, daß sie einem Lügengebäude aufgesessen waren. Daß sie anderthalb Jahre lang einen Unschuldigen verfolgt und damit im Namen der Justiz Beihilfe dazu geleistet haben, sein Ansehen in der Öffentlichkeit zu zerstören, bereitete ihnen, wie Dominique Baudis mit Bitterkeit in seinem Buch »Face à la calomnie« schreibt, in dem er minutiös seinen Leidensweg schildert, »keinerlei Gewissensbisse«.

Ausgerechnet im Mutterland der Aufklärung verwundert es aber doch sehr, daß Literatur und Leben miteinander verwechselt werden, daß sich nicht nur eine breite Öffentlichkeit, sondern auch berufsbedingt mißtrauische Journalisten, Staatsanwälte und Richter von den wüsten Erzählungen einiger Krimineller, deren Parallelen zum Inhalt eines bekannten pornographischen Werks unübersehbar sind, davon überzeugen lassen, daß diese gerade deshalb besonders glaubwürdig seien. Man faßt es nicht, und dies um so weniger, als die Geschichte hinter der »Geschichte der O« längst bekannt ist.

Die Frau, die dieses Skandalwerk unter dem Pseudonym Pauline Réage verfaßte, arbeitete jahrelang als Chefin eines bekannten und angesehenen Literaturmagazins. Die erotischen und sadistischen Phantasien, die sie in der »Histoire d'O« in einem klassischen Französisch geschildert ausbreitete, sind, wie sie selbst eingestand, ihre eigenen Phantasien, die sie als Heranwachsende hatte und die sie während ihres weiteren

Lebens immer wieder überfielen. Die Gewalt, die sie Frauen von Männern erdulden läßt, welche sich damit ihre Lust zu steigern trachten, solle man sich nicht allzusehr zu Herzen nehmen, meinte sie, denn damit verhielte es sich ebenso wie mit den elaboraten Mordtaten, die in Kriminalromanen geschildert werden.

Ihre Absicht war also, auf intelligente, in diesem Fall, erotisch-intelligente Weise zu unterhalten. Völlig abwegig sei es deshalb, ihre Erzählung anders als ein Märchen zu verstehen, gar als eine Vorlage für Orgien, zumal sie dieses Buch in erster Linie für ihren Liebhaber geschrieben habe, den sie damit wieder fester an sich binden wollte, als sie fürchtete, er wolle sich von ihr abwenden. Derlei mag man mit weiblicher Intuition oder List erklären, denn wie anders ließe sich die Paradoxie auflösen, daß ihr Geliebter ihre Phantasien keineswegs teilte, noch daß sie in der Weise in ihrer Weiblichkeit erniedrigt werden wollte wie in ihrem Buch beschrieben?

Daß es sich bei der »Histoire d'O« um ein erotisches oder pornographisches Märchen von unbezweifelbar literarischen Anspruch handelt, leuchtet spätestens dann ein, wenn man dieses Werk mit anderen beim Publikum erfolgreichen Hervorbringungen des Genres vergleicht. Das gilt, um das bekannteste Beispiel zu nennen, zumal für »Emmanuelle«, deren Autorin die Frau eines französischen Diplomaten war, die mit ihrem Buch tatsächlich eine missionarische Absicht verfolgte: die Sexualität aus ihrer Gefühlsbindung zu befreien und als selbstbewußte »Prostitution des eigenen Lustgewinns« zu etablieren, der man sich frei von allen ehelichen Zwängen hingeben kann.

»Emmanuelle« war die sehr französische Version jener Mode, die in der glücklichen Zwischenzeit, in der sich die Pille als bequemes und sicheres Verhütungsmittel durchgesetzt hatte und die Pandemie Aids noch nicht drohte, allenthalben propagiert wurde. Trotz einer erheblichen Veränderung der Rahmenbedingungen feiert diese Spielart weiblicher

Erotikliteratur in Frankreich, zu der noch vor »Emmanuelle« die vom Glanz vermeintlich altaristokratischer Herkunft umwitterte Maud Sacquard de Belleroche – der Name findet sich allerdings nicht im zuverlässigen *Dictionnaire raisonné* »Les titres authentiques de la noblesse en France« von Dominique de La Barre de Raillicourt – mit ihrem Buch »Geständnisse. Memoiren einer Frau von vierzig Jahren« den Anstoß gab, bis hin zu Catherine Millets ebenfalls als Erinnerungswerk deklariertem Bericht »La Vie sexuelle de Catherine M.«, der 2001 erschien und als »Das sexuelle Leben der Catherine M.« auch in der deutschen Leserschaft zum Bestseller avancierte. Nur schlichte Gemüter werden allerdings die in diesen und anderen Werken geschilderten erotischen Abenteuer und Exzesse für bare Münze, höchstens für literarisch veredelte Beschreibungen wahrer Begebenheiten nehmen, die ihren Autorinnen zustießen.

Das ändert gleichwohl nichts daran, daß solche Werke einer erotischen Dienstmädchenliteratur massenhaft konsumiert werden. Das Rätsel dahinter läßt sich vermutlich mit der alten Theorie, warum überhaupt Romane gelesen werden, plausibel lösen: um in seiner Phantasie etwas zu Ende zu erleben, von dem man im wirklichen Leben gerade einmal einen schwachen Schimmer gewahrt hat. Mit anderen Worten: Im Erfolg dieser Bücher offenbart sich ein riesiger Erfahrungs- oder Erlebnismangel, den die Leser durch deren Lektüre zu befriedigen suchen.

Für die Richtigkeit dieser Vermutung spricht im übrigen der große Verkaufserfolg eines jeden Monat unter dem Titel »Union« erscheinenden und an jedem Kiosk zu erwerbenden Heftchens, das sich einer aller Prüderie eines Oswalt Kolle abholden und unterhaltsamen Aufklärung in sexuellen Fragen widmet. Besonders aufschlußreich sind darin die zahlreich abgedruckten Leserbriefe, von denen man jedoch nicht sagen kann, ob es sich bei ihnen um Erfindungen der Redaktion oder um redigierte Fassungen von tatsächlich eingegangenen

Zuschriften handelt. Studiert man diese Schreiben, erhält man einen ziemlich vollständigen Überblick darüber, welche erotischen Wünsche, Phantasien oder auch Praktiken in Frankreich im Schwange sind.

Vieles spricht jedoch dafür, daß es sich bei diesen Zuschriften lediglich um Wunschphantasien und nicht um freimütige oder auch prahlerische Berichte handelt, die Auskunft geben vom geheimen Liebesleben der Franzosen. Daß damit etwas nicht stimmen kann, vieles sogar sehr im argen liegen muß, läßt sich aus der statistisch zweifelsfrei nachweisbaren Tatsache schließen, daß die Franzosen weltweit den höchsten Pro-Kopf-Verbrauch an Psychopharmaka, an Stimmungsaufhellern und Antidepressiva haben.

Die kleinste Weltstadt, die größte Ausstrahlung: Paris

Unter allen Weltmetropolen ist Paris, gemessen an Bevölkerungszahl wie Fläche, mit weitem Abstand die kleinste, aber seiner Bedeutung, seiner Ausstrahlung nach eine der größten. Das Phänomen läßt sich leicht erklären: Die heutige Stadt steht auf vielen Schichten, die zu einer mächtigen Gemengelage von Sedimenten aus Ereignissen und Entwicklungen verfestigt sind, die teils sichtbare Spuren in Straßen, Denkmälern oder Bauwerken, teils unsichtbare, symbolische also, hinterlassen haben, die in der Erinnerung aufgehoben sind.

Dieses Bild der Stadt wird noch mehr dadurch verwirrt, daß sie keineswegs museal ist, sondern sehr gegenwärtig, wie auch sehr vergangen anmutet. Vergangenheit und Gegenwart sind hier jedoch derart miteinander verschränkt, daß man das Studium der Stadt nicht auf die ausschließliche Wahrnehmung des einen oder des anderen beschränken kann.

Das läßt sich am Beispiel der zu jäher Beliebtheit bei den Besuchern von Paris gelangten Glaspyramide in der Cour Napoleon des Louvre demonstrieren, die der Architekt Ieoh Ming Pei schuf und die seit 1989 mit ihrer kühnen und funktionalen Simplizität zwar für die Moderne, die Jetztzeit einsteht, die aber der Nutzung eines historischen Gebäudekomplexes dient, der das größte Museum der Welt beherbergt, das Kunstwerke zeigt, die von vielen Völkern im Lauf einer Jahrtausende umfassenden Vergangenheit geschaffen wurden.

Wer Paris nicht nur bestaunen, sich von dem hektischen, kontrastreichen Wesen lediglich verblüffen lassen will, sondern die Stadt begreifen und sich wirklich aneignen möchte, der muß lernen, sie zu »lesen«, muß ihre Syntax entschlüsseln, ihre Zeichen entziffern, ihre Signaturen identifizieren, in denen sich Kontinuitäten verraten oder jähe Brüche, wenn nicht gar Widersprüche. Das ist eine langwierige, aber lohnende Arbeit seit vielen Generationen, wovon zahlreiche Literatur Zeugnis gibt, die nur einem Thema gewidmet ist: der Faszination, die Paris zu allen Zeiten ausstrahlte.

Diese Arbeit wird einfach deshalb nie zum Abschluß kommen, weil Paris ein lebendiger Organismus ist, der sich andauernd verändert, eben deshalb sich selbst und damit seiner Faszination die Treue hält.

Will man sich einen Eindruck von der Stadt verschaffen, eine Übersicht aus der »Kavaliersperspektive«, wie man das früher nannte, also von hoch oben herab auf sie hinunterblikken, dann bietet sich dafür der Montmartre an, der heilige »Berg der Märtyrer« im Norden der Stadt. Steht man hier auf der Terrasse der als »Himmelsbahnhof« verspotteten Kirche von Sacré-Cœur, liegt einem ganz Paris buchstäblich zu Füßen.

Von den Höhen des Montmartre ergießt sich das Häusermeer in zunächst steil abfallenden, dann merklich sanfter werdenden Wellen in eine breite Ebene, die von der Seine durchströmt wird. Auf der gegenüberliegenden Seite schwingt dieses Meer dann die niedrigere Anhöhe des Montparnasse hinauf, wo es sich in der jenseits gelegenen, ebenfalls dichtbebauten Landschaft der südlichen Vorstädte, der *Banlieue*, im Dunst und Flimmer der Ferne verliert.

Wer sich einen ersten Eindruck vom historischen Werden, dem allmählichen Wachstum von Paris verschaffen will, steht ebenfalls auf der Terrasse von Sacré-Cœur genau richtig. Die Ursprünge von Paris liegen unter ihm, mitten in der Seine, auf der größeren der beiden Inseln, der Île de la Cité: »Insel der Stadt«. Flußfischer vom Stamme der Parisii – so nannten sie die Römer, die 52 vor Christus hier erschienen – hatten auf der Insel eine primitive Siedlung errichtet.

Wo sich heute Notre-Dame, die Pariser Bischofskirche, erhebt, stand in römischer Zeit ein dem Jupiter geweihter Tempel. Die Römer nannten ihre Stadtgründung Lutetia und erst seit etwa 360 wurde der Name Paris geläufig. Nach den Römern drangen immer wieder barbarische Stämme, die weit aus dem Osten kamen, bis in die Nähe von Paris vor. So auch die Hunnen unter König Etzel, die der Legende nach von der heiligen Genoveva, seither die Patronin von Paris, erfolgreich an einer Eroberung der Stadt gehindert wurden. Damit begann die wahrhaft eindrucksvolle Karriere von Frauen in der französischen Geschichte.

Von der Île de la Cité aus dehnte sich die Stadt im Laufe der Jahrhunderte auf die beiden Ufer der von der Seine durchströmten Ebene aus. Aus dem von Montmartre aus gesehen diesseitigen – dem rechten – Ufer entwickelte sich die bürgerliche Stadt, während auf dem gegenüberliegenden Ufer, der *rive gauche*, Klöster und Hohe Schulen der Universität – die Sorbonne wurde 1253 gegründet – ihren Sitz hatten. Deshalb heißt noch heute das hier gelegene 5. Arrondissement »Quartier Latin« – »Lateinisches Viertel« –, weil das Lateinische damals die Sprache war, in der die Gelehrten miteinander verkehrten.

Diese durch ihre topographische Situation gleichsam »natürlich« gegebene funktionale und soziale Dreiteilung der Stadt in *Cité*, *Ville* und *Université* charakterisierte die Entwicklung von Paris bis weit ins 18. Jahrhundert hinein: Paris war zum einen Zentrum der weltlichen und geistlichen Macht, die sich beide die Île de la Cité teilten; das Zentrum von Handel und Handwerk, von Wohnen und Arbeiten, das sich vor allem auf dem rechten Ufer entwickelte, sowie das Zentrum spiritueller Einkehr und Gelehrsamkeit, das auf dem linken Ufer immer üppiger erblühte.

Eine Reihe großer Könige, die Paris als den Spiegel ihrer Macht und Herrlichkeit auffaßten, verschönerten die Stadt mit Bauwerken und Plätzen, die noch heute als bewunderungswürdige Maßstäbe für die urbane Entwicklung gelten: Henri IV., der »gute König«, dem Paris bekanntlich eine Messe wert war, weil er, um König von Frankreich zu werden, feierlich vom Protestantismus zum Katholizismus konvertieren mußte, schuf die *Place Royale*, die heutige *Place des Vosges*, im Stadtviertel *Marais*. Der Name verrät, daß hier einst sumpfiger Grund war, den die über die Ufer tretende Seine häufig überschwemmte.

Drei andere seiner heute bestaunten Wahrzeichen verdankt Paris Louis XIV.: den *Hôtel des Invalides* und den dazu gehörigen Dom mit seiner weithin sichtbaren goldenen Kuppel. Außerdem ließ er zwei der schönsten Plätze der Welt anlegen: die *Place Vendôme* und die *Place des Victoires*. Gleichwohl zog es Louis XIV. vor, Paris den Rücken zu kehren und seinen Herrschaftssitz mit dem Riesenbau des Schlosses in Versailles zu errichten, worin sich in gewisser Weise eine wahrhaft königliche Inkonsequenz ausdrückt.

Sein Nachfolger, Louis XV., wollte diesem Vorbild nicht nachstehen. Auf seine Veranlassung hin bekam Paris das Wunder der *Place de la Concorde* geschenkt, die damals aber noch nicht ihre heutige, geschlossene Gestalt hatte, zumal sie am Rand der damaligen Stadt lag; es wurden die *École militaire* und das Panthéon errichtet, jene ursprünglich der heiligen Genoveva geweihte Kirche, die mit ihrer mächtigen Kuppel für mehr als ein Jahrhundert das weithin sichtbare Wahrzeichen von Paris bot, bis ihr der Eiffelturm, zur Weltausstellung von 1889 vollendet, die Schau stahl.

Der Deutsche Friedrich Schulz hat den Anblick von Paris, wie er sich dem Betrachter unmittelbar vor den großen Veränderungen darbot, die die Stadt nach dem Ausbruch der Revolution von 1789 erlebte, von unserem Standpunkt aus, dem Montmartre, eindrucksvoll beschrieben: »Von hier aus hat man zur Rechten und Linken, so weit das Auge reicht, Dach an Dach, Giebel an Giebel vor sich, und die höchsten Türme sehen wie Schornsteine aus dieser ungeheuren Dachung hervor. Keine Straße ist zu unterscheiden, kein Platz zu erkennen, kein Palast abzusondern. Es ist eine zusammenhängende Fläche von Ziegelsteinen, auf der man, so scheint es, wie auf einer unermeßlichen Terrasse herumgehen und durch welche hin ein Bach geleitet ist, über den man mit einem mäßigen Sprung setzen könnte. Voran zieht sich das Ganze bis zur Seine herab, und jenseits derselben steigt es wieder amphitheatralisch empor. Rund herum wird es von Anhöhen, kleinen und größeren, die teils mit Windmühlen oder mit Lustschlössern oder mit Gehölz geschmückt, teils kahl und unfruchtbar sind, umkränzt und umschnörkelt.«

Die Revolution bescherte dem Stadtbild von Paris manche Verwandlung, weil durch sie zahlreiche bedeutende Bauten wie etwa die Bastille, die mächtige Zwingburg, die auch als Gefängnis diente, beseitigt wurden, andere hingegen so starke Zerstörungen erlitten, daß ihre traurigen Reste nur noch abgerissen werden konnten. Dieses Schicksal ereilte vor allem Kirchen und Klöster, die häufig erst in napoleonischer Zeit spurlos verschwanden und damit gleichsam »während des Ersten Kaiserreichs an den Folgen der Revolution starben«.

Napoleon nahm aber auch das Beispiel der bourbonischen Herrscher auf, indem er das Stadtbild nach seinen Vorstellungen verschönern ließ. Ihm ist vor allem die arkadengesäumte Rue de Rivoli, die von ihm als *via Regia* geplant war, zu verdanken, die Säule auf der *Place de Vendôme*, der ägyptische Obelisk auf der *Place de la Concorde*, der *Arc de Triomphe* und der *Arc du Carrousel* zwischen Louvre und Tuilerien sowie die

Anlage der *Rue de Castiglione,* der *Rue de la Paix* und der *Rue des Pyramides.* Die meisten dieser Verschönerungen wurden von Napoleon allerdings nur angeregt, einige wurden auch bereits zeit seiner Herrschaft begonnen, aber vollendet hat sie erst die »Juli-Monarchie«, jenes liberale Regime, das in Frankreich zwischen 1830 und 1848 herrschte.

Das gibt einen ersten Eindruck davon, wie windungsreich und durchaus widersprüchlich die Genese der symbolischen Konnotationen im Weichbild von Paris ist, was das Geschäft ihrer Entschlüsselung um so reizvoller macht.

Napoleon veranlaßte auch den Bau von vier Brücken über die Seine: den *Pont d'Austerlitz*, den *Pont Saint-Louis*, der die Île de la Cité mit der Île Saint-Louis verbindet, den *Pont des Arts*, die erste Eisenkonstruktion ihrer Art in Frankreich, und den *Pont d'Iena.* Schließlich kümmerte sich Napoleon auch um die Sicherung der damals noch unbefestigten Seineufer und ließ die heute für das Stadtbild so charakteristischen Kaimauern errichten. Auch an dem zu seiner Zeit erst halbfertigen Louvre wurde weiter gebaut, aber das jähe Ende seiner Herrschaft verhinderte es, daß man sich bis dahin dessen Vollendung in seiner heutigen Gestalt und Größe auch nur angenähert hätte.

Erst unter Napoleons Neffen Louis-Napoleon, als Napoleon III. von 1852 bis 1870 französischer Kaiser, erhielt Paris jenes Aussehen, das uns vertraut ist. Er gab den Anstoß dazu, daß das noch immer vorherrschende mittelalterliche Paris mit seinen engen, lichtlosen, verwinkelten und schmutzigen Gassen, in denen die Bevölkerung in elenden Quartieren zusammengepfercht vegetierte, bis auf einige wenige Inseln weitgehend verschwand. Der Mann, der diese Leistung vollbrachte, war der Baron Haussmann, den Napoleon III. zum Präfekten und damit zum obersten Aufseher der von ihm inspirierten umfangreichen urbanistischen Baumaßnahmen berief.

Die Genialität der zukunftsweisenden Leistung, die Haussmann in nur fünfzehn Jahren vollendete, ist damals wie später häufig geschmäht und verdammt worden. Viele warfen ihm vor, das alte Paris mutwillig zerstört zu haben. Andere kritisierten sein Tun damit, daß er sich vor allem von der Absicht habe leiten lassen, das cäsarische Regime Napoleons III. gegen die Paris seit 1789 wiederholt erschütternden Unruhen und Revolutionen abzusichern.

Das alles ist nicht falsch, verkennt Haussmanns Arbeit aber dennoch, insofern sein Konzept für die Umgestaltung von Paris eine umfassende Modernisierung der Kapitale nach sozialen, sicherheitspolitischen, verkehrstechnischen, hygienischen, ökonomischen und demographischen Kriterien vorsah. Deren Verwirklichung machte Paris zum urbanistischen Modell und Vorbild vieler anderer Städte auf der Welt, die sich angesichts der rapiden Bevölkerungszunahme infolge der industriellen Revolution vor ähnliche Probleme gestellt sahen.

Gleichfalls vom Montmartre herabblickend, ließ Émile Zola den Großspekulanten Aristide Saccard, Protagonist seines Romans »La Curée« (»Die Beute«), seiner Frau Umfang und Absicht der von Haussmann geplanten Umbauten erklären: »Ja, die große Kreuzung von Paris, wie man sie nennt. Sie befreit den Louvre und das Rathaus von den Häusern, die sich dicht an dicht an sie drängen. Aber das ist nur ein Kinderspiel! Derlei ist gerade geeignet, der Öffentlichkeit Appetit zu machen. (...) Wenn der erste Bauabschnitt beendet ist, dann erst beginnt der große Tanz: Der zweite Bauabschnitt wird die Stadt nach allen Seiten hin aufbrechen, um die Vorstädte mit dem ersten Bauabschnitt zu verbinden. (...) Vom *Boulevard du Temple* bis zur *Barrière du Trône* (heute: *Place de la Nation*) wird eine Schneise geschlagen werden; dann, auf dieser Seite, eine weitere Schneise, von der *Madeleine* bis zur *Plaine de Monceau* (heute: vom *Boulevard de Courcelles* bis zur *Avenue Hoche*); und eine dritte Schneise in dieser Richtung, eine vierte in jener, eine Schneise da, eine weiter entfernt dort, überall werden Schneisen geschlagen, wird Paris wie mit

Säbelhieben zerhackt werden, ernähren seine geöffneten Adern Hunderttausende von Arbeitern und Maurern; zuletzt wird es von strategisch bedeutsamen Achsen durchzogen sein, die uns staunen machen werden und die es gestatten, starke Kräfte mitten in das Herz der alten Quartiere zu verlegen.«

Auch wenn Haussmann bei seinem Umbau von Paris in formaler Hinsicht an ältere Vorbilder anknüpfte – dies gilt vor allem für die »schöne Perspektive«, die ihm ein Herzensanliegen war, oder auch für die einheitliche Fassadengestaltung jener Neubauten, die seine Straßendurchbrüche säumten und bis in die 1930er Jahre verbindlich waren –, so war sein stadtplanerisches Konzept dennoch revolutionär. Während man vordem danach strebte, stets alle wichtigen administrativen, politischen und wirtschaftlichen Funktionen der Stadt zu konzentrieren, war es seine Absicht, diese voneinander zu trennen und weiträumig gegeneinander zu isolieren.

Zwar verblieben die Schaltstellen der politischen Macht im Zentrum von Paris, aber Haussmann sorgte dafür, daß diese durch breite Straßen wie die weit nach Osten verlängerte, schnurgerade verlaufende *Rue de Rivoli* einerseits wie andererseits durch die Seine geschützt waren.

Besonders radikal geriet die umfassende Umgestaltung der Île de la Cité, deren mittelalterlicher Häuserbestand im Zuge einer bis dahin beispiellosen Flächensanierung verschwand. An Stelle eines schier undurchdringlichen Gewirrs von Häusern, Gassen und Hinterhöfen, in dem noch um 1856 rund 140000 Menschen lebten und arbeiteten, ließ Haussmann einen Verwaltungsbezirk entstehen, der neben der Polizeipräfektur und einer Kaserne auch den Justizpalast, das Handelsgericht, das Gefängnis der *Conciergerie* sowie den Neubau des zentralen Spitals, des *Hôtel-Dieu*, umfaßte.

Von der alten Bausubstanz blieben außer der *Sainte-Chapelle* und *Notre-Dame* nur einige Häuser an der *Place Dauphine* sowie Teile des Viertels *de la Chanoinesse* im Norden von *Notre-Dame* erhalten. Lediglich das Ende des Zweiten Kaiserreichs verhinderte die Ausführung weiterer Pläne Haussmanns, der auch diese letzten, idyllischen Wohnviertel auf der Cité Verwaltungsbauten opfern wollte.

Die Neuaufteilung und damit einhergehende Abschottung der historisch gewachsenen und notorisch übervölkerten Stadtviertel fand ihre logische Entsprechung in der dezentralisierenden Absicht, die vor allem für die Haussmannschen Straßenanlagen des zweiten und dritten Bauabschnitts charakteristisch war. Mit dem zweiten Bauabschnitt wurden die an der Peripherie der Innenstadt gelegenen Viertel neu gegliedert und durch breite Verkehrswege miteinander verbunden. Mit dem dritten, 1867 begonnenen Bauabschnitt schuf man vor allem Verbindungen zwischen dem alten Stadtgebiet und den mit der Eingemeindung von 1860 in der sogenannten *Petite Banlieue* gelegenen Kommunen.

Haussmanns urbanistische Leistung läßt sich unschwer an den für Paris charakteristischen sternförmig angelegten Plätzen erkennen, von denen jeweils mehrere große Straßenzüge nach verschiedenen Richtungen ausgehen. Die beiden »Zentralgestirne«, zwischen denen das Pariser Straßensystem von ihm ausgespannt wurde, sind im Westen die *Place de l'Etoile*, auf der nicht weniger als zwölf Avenuen einmünden, und komplementär dazu im Osten die *Place de la Nation*, von der zehn Boulevards strahlenförmig ausgehen.

Von diesen beiden, außerhalb des alten Stadtgebiets gelegenen Plätzen stoßen breite Straßenzüge in das Innere der Stadt vor, überschneiden sich hier mit anderen von Haussmann konzipierten oder verbreiterten Straßen dergestalt, daß an einer Reihe dieser Schnittpunkte, wie beispielsweise an der *Place de la Bastille*, der *Place de la République* oder der *Place de l'Opéra,* Sterne »zweiter Ordnung« entstanden. Die damit erzielte Systemökonomie dieses zwischen einzelnen Verteilersternen ausgespannten Verkehrsnetzes ist so beschaffen, daß sie selbst heute noch den Anforderungen eines damals längst nicht vorhersehbaren Individualverkehrs genügt.

Mit seiner Konzeption sowie seinen damit eng verknüpften sozialhygienischen und sicherheitspolitischen Absichten setzte Haussmann ein Beispiel, dem bis heute noch jede französische Regierung stillschweigend gefolgt ist. Allerdings besaß keine mehr die große Autorität und diktatorische Handlungsfreiheit, über die Haussmann verfügte, mit der Folge, daß das, was von ihm zwar geplant, aber nicht mehr begonnen wurde, seither unerledigt blieb. Das beweist so mancher »Flaschenhals«, durch den sich besonders der Verkehr auf dem linken Ufer quälen muß.

Aber unbeschadet dessen, wenngleich weit weniger zügig oder spektakulär ging der Wandel in den von Haussmann vorgezeichneten Bahnen weiter. Die bedeutendste Einzelmaßnahme, über die seit 1913 diskutiert wurde, sah die Verlegung der zentralen Pariser Markthallen aus dem I. Arrondissement vor, mit der aber erst 1969 begonnen wurde; 1971 folgte dann der von heftigen Protesten begleitete Abriß der Markthallen.

Hand in Hand mit dem Verschwinden der Markthallen aus dem Herzen von Paris ging eine umfassende Umwidmung des »Hallenviertels« einher mit der insgeheim beabsichtigten Folge, daß dieses letzte im Zentrum der Kapitale noch existierende »populäre« Quartier luxussaniert wurde und die hier ansässigen »kleinen Leute« zum Exodus in den »roten Gürtel« gezwungen wurden. Diesem Trend einer im Rahmen der Stadtplanung gewollten »sozialen Aufwertung« unterlag zur selben Zeit auch der dem Hallenviertel benachbarte *Marais*. Was Haussmann noch mit Straßendurchbrüchen und Flächensanierungen bewerkstelligte, wurde nun auf »stille« Weise durch die gezielte Implantierung von Museen und anderen prestigeträchtigen kulturellen Einrichtungen erreicht.

Eine ähnliche Entwicklung ist seit Bau und Eröffnung der neuen Bastille-Oper im *Faubourg Saint-Antoine* zu beobachten, einem Stadtviertel, in dem traditionell das Möbeltischlerhandwerk beheimatet und das lange einer der sozialen und politischen Unruheherde von Paris war. Die Veränderung dieses Viertels wurde durch die Anlage des Parks von Bercy, den Bau des einstigen *American Center*, den der amerikanische Stararchitekt Frank O. Gehry entwarf und in den jetzt die Cinémathèque de Paris eingezogen ist, sowie durch den Glas- und Betonriegel des Finanz- und Wirtschaftsministeriums endgültig besiegelt. Diesem urbanistischen Kraftakt, der ein bislang zwar relativ innenstadtnahes, aber traditionell vernachlässigtes Areal massiv auf- und umwertete, entsprechen die vier Riesentürme der neuen Nationalbibliothek, die am gegenüberliegenden Seineufer im *Quartier Tolbiac* aufragen. Entsprechendes gilt auch für den *Théâtre National de la Colline*, der in unmittelbarer Nachbarschaft des Friedhofs von *Père-Lachaise* gebaut wurde im Stadtteil Belleville, in dem vorzugsweise Immigranten aus den ehemaligen französischen Kolonien in Afrika leben.

Allein, auch für Paris gilt: Nur was sich wandelt, bleibt sich treu. Die Gewähr für diese Treue bieten die zwanzig Pariser *Arrondissements*, die ihrerseits wieder in einzelne Viertel unterteilt sind und alle eine bisweilen sehr unterschiedliche Prägung aufweisen, die von den hier konzentrierten wirtschaftlichen Aktivitäten oder von der sozialen Schichtung der in ihnen lebenden Bevölkerung beeinflußt wird. Jedes dieser *Arrondissements* hat die Infrastruktur einer mittleren Provinzstadt, besitzt Märkte, Kneipen, Kinos, Geschäfte aller Art, Kirchen, Schulen, Bäder, Plätze und Sportstätten, kurz, ist eine eigene kleine Welt. Das mag erklären, weshalb viele ältere Pariser durchaus glaubhaft versichern können, niemals den *Arrondissement* verlassen zu haben, in dem sie geboren wurden und seither leben: Dieser Umstand macht aber auch darauf aufmerksam, daß sicherlich die meisten Pariser ihre Stadt ganz anders wahrnehmen als ein von verständlicher Neugierde geplagter Fremder, der hier als Flaneur die Geheimnisse der Stadt enträtseln will.

Zu diesen Geheimnissen gehört vor allem die der geschilderten linearen und im wesentlichen urbanistischen Entwicklung gleichsam eingeschriebene, eminent symbolische Bedeutung der Stadt, die aber sehr unterschiedenen Zwängen und Gesetzmäßigkeiten folgte. Von dieser Symbolik wiederum gehen Wirkungen aus, die das Leben der Stadt beeinflussen. Die wichtigste Konstante dieser Symbolik ist die Hauptstadtrolle von Paris, die mit dem Ausbau der zentralisierten Herrschaft, der mit der Revolution einsetzte und die weiter zu verfeinern sich seither noch jedes Regime anstrengte, erheblich verstärkt wurde.

Diese Rolle verschaffte Paris eine derartige Bedeutungsfülle, daß man geradezu sagen kann, die Geschichte von Frankreich fand seit 1789 ausschließlich in Paris statt. Hier wurden dem Land nicht nur die Gesetze gegeben, nach denen es sich entwickelte, sondern hier fanden auch die Umwälzungen und Umstürze statt, welche die weiteren politischen und sozialen Geschicke des ganzen Landes prägten. Diese wichtige Rolle von Paris ist so selbstverständlich und vertraut, daß sie keiner weiteren Erörterung bedarf. Aufschlußreich dagegen bleibt, welche nicht auf Anhieb wahrnehmbaren Kräfte und Erinnerungen, die ihrerseits zu Symbolen geronnen sind, davon Mitteilung machen.

Die bedeutsamste, weil folgenreichste ist die markante Zweiteilung der Stadt in eine östliche und eine westliche Hälfte. Die östliche Hälfte war lange das »rote« Paris, jener Teil, in dem sich die von den Haussmannschen Flächensanierungen aus dem Kern vertriebene Bevölkerung niederließ, während zu gleicher Zeit das bürgerliche Paris im Westen wuchs, dessen bevorzugte Viertel bis heute vor allem das XVI. Arrondissement, zwischen Seine und Bois de Boulogne gelegen, aber auch das VII. und VIII. Arrondissement sind. Das Rot des »roten Paris«, dessen Begrenzung zur »neutralen« Stadtmitte hin von der *Place de la Bastille* ausgehend nach Norden zunächst dem *Boulevard Richard Lenoir,* dann dem *Boulevard Voltaire* und dem sich daran anschließenden *Boulevard de Magenta* folgte, ist zwar heute verblaßt, aber die dieser Osthälfte eingeschriebene Symbolik hält die Erinnerung lebendig.

»Linke« Demonstrationen nehmen auch heute immer noch ihren Weg von der *Place de la Bastille* zur *Place de la République*. Wenn Protest auch einmal die konservativ gesinnten Bürger auf die Straßen treibt, was allerdings nur sehr selten passiert – beispielsweise am 30. Mai 1968, als es galt, den von den Pariser Mai-Unruhen angeschlagenen Staatschef de Gaulle zu stärken oder wieder in den neunziger Jahren, als die sozialistische Regierung den Status der überwiegend katholischen Privatschulen einschränken wollte –, dann muß es schon die *Avenue des Champs-Elysées* sein.

Weitere symbolische Hinweise auf diese Aufteilung von Paris in eines der Arbeiter und eines der Bourgeoisie, in eine »rote«, republikanisch gesinnte östliche wie in eine bürgerlich-konservative westliche Stadthälfte, liefert auch die Nomenklatur der Métrostationen. Im Osten gibt es noch heute die Station Stalingrad, die Station Colonel Fabien, benannt nach einem kommunistischen Widerstandskämpfer, und sogar eine Station Robespierre, die allerdings knapp hinter der Stadtgrenze in Montreuil liegt, aber dennoch bemerkenswert ist, weil sie der einzige öffentliche Ort in ganz Frankreich sein dürfte, der den Namen dieses Mannes trägt. Im XVI. Arrondissement hingegen gibt es zwei Métrostationen, die Michel-Ange Molitor und Michel-Ange Auteuil heißen.

Ähnliches gilt für die ideologische Zurechenbarkeit von Denkmälern, an denen in Paris kein Mangel herrscht. Clemenceau, dem »Vater des Sieges« von 1918, wurde nach seinem Tod 1929 ein Denkmal an den Champs-Elysées errichtet, eine Ortswahl, die sich damit rechtfertigen ließ, daß er in seiner Eigenschaft als Präsident der Republik hier am Nationalfeiertag des 14. Juli 1919 die Siegesparade abnahm. Ihm gegenüber steht, nein schreitet jetzt General de Gaulle in Uniform und Bronze gegossen auf einem ungewöhnlich hohen Sockel, als gelte es, damit irgendwelchem Schabernack vorzubeugen. Auch das geht in Ordnung, denn es waren die Champs-Elysées, die de Gaulle nach der Befreiung von Paris am 26. August 1944 vom Grabmal des »Unbekannten Soldaten« unter dem *Arc de Triomphe* aus hinabschritt, um sich nach *Notre-Dame* zu einem feierlichen *Te Deum* zu begeben. Dieser Marsch war seinerseits eine hochsymbolische Geste, mit der de Gaulle das Herz von Paris gleichsam wieder in Besitz nahm.

Churchill hingegen, der ganz entscheidend dazu beitrug, Frankreichs Status als »Siegermacht« im Zweiten Weltkrieg durchzusetzen, sieht sich an eine Ecke des Petit Palais verbannt. Allerdings trägt die kurze Straße, die hier vorbeiführt und die die *Place Clemenceau* mit dem *Pont Alexandre III* verbindet, ebenfalls seinen Namen: *Avenue Winston Churchill.*

Das »rote Paris« hat dem besonders einen Erinnerungsort entgegenzusetzen, den *Mur des Fédérés*, jenes Stück der östlichen Umfriedungsmauer des Friedhofs Père-Lachaise, wo am 28. Mai 1871 die letzten Kämpfer der Pariser *Commune* von den Regierungstruppen erschossen wurden. Alljährlich versammeln sich hier an diesem Tag Repräsentanten der Kommunistischen Partei und anderer linksextremer Gruppierungen zu einem feierlichen Totengedenken.

Daran jedoch, daß die Zahl derer, die an dieser Demonstration teilnehmen, von Jahr zu Jahr rapide schrumpft, läßt sich der entschiedene Bedeutungsverlust ablesen, den diese radikalen Anschauungen spätestens seit dem Verschwinden der Sowjetunion in Frankreich erleben. Jene, die sich unweit des Père-Lachaise alljährlich am 15. Juni in der Kirche der »Fondation de l'Oratoire et du Cimitière de Picpus« zu einem Gottesdienst versammeln, sind kaum weniger zahlreich. Es sind zumeist die adeligen Nachfahren von Guillotinierten, die in der letzten Phase der jakobinischen Revolution auf der heutigen *Place de la Nation* hingerichtet und auf dem Privatfriedhof von Picpus in zwei Massengräbern verscharrt wurden.

Diese Entwicklung gibt zu denken, denn Symbole werden nur so lange wahrgenommen, wie sich mit ihnen ein Erinnerungskult verknüpft. Ist das nicht mehr der Fall, geraten sie rasch in Vergessenheit oder werden sogar bisweilen für eine andere Sinnstiftung in Anspruch genommen. Das jüngste Beispiel dafür liefert die Skulptur einer vergoldeten Flamme, die zum 200. Jahrestag der Französischen Revolution von Amerikanern der Stadt Paris gestiftet wurde und die eine Replik der Fackel der von Frankreich gestifteten New Yorker Freiheitsstatue ist. Diese Flamme, die kaum, daß sie an der *Place de l'Alma* aufgestellt war, vom Pariser Volkswitz als »Denkmal des Unbekannten Feuerwehrmannes« verspottet wurde, gilt seit dem Unfalltod von Prinzessin Diana in der Autounterführung unmittelbar unter diesem Denkmal deren zahlreichen Verehrern als ein ihr gewidmetes Monument.

Die zwei bekanntesten Zeugnisse, deren symbolische Bedeutung heute völlig verblaßt ist und die nur noch als wertneutrale Sehenswürdigkeiten wahrgenommen werden, sind der Eiffelturm und der »Himmelsbahnhof« von Sacré-Cœur. Die kühne Stahlkonstruktion des zur Zeit seiner Errichtung völlig dysfunktionalen Eiffelturms – erst in den zwanziger Jahren wurde dessen Spitze zur Installation von Sendeantennen genutzt – sollte kraftvoller Ausdruck des globalen Fortschritts sein, ein Glaube, der die damaligen Weltausstellungen beflügelte, die vor allem der Gottheit der Industrialisierung huldigten.

Diese Symbolstiftung verblaßte so rasch, wie jene Sensibilität um sich griff, die der Tagebucheintrag von Edmond de Goncourt von Anfang September 1889, als er sich in der Umgebung von Bar-le-Duc auf dem Lande aufhielt, dokumentiert: »Die Industrie, o, die Industrie! Hier, in unmittelbarer Nachbarschaft dieses wunderbaren Besitzes, gibt es eine Papierfabrik, an deren Abwässern alle Fische im Fluß verenden. Weiter unten gibt es eine Bleichmittelfabrik, deren schweflige Ausdünstungen nach und nach alle Bäume des

Waldes in ihrer Umgebung absterben lassen. – In weniger als hundert Jahren wird die Industrie die Natur in Frankreich getötet haben.«

Die Basilika von Sacré-Cœur auf dem Montmartre hingegen, deren Bau 1875 begonnen, aber erst 1914 abgeschlossen wurde, sollte der Buße dienen für die von der *Commune* ermordeten Priester. Wie leicht nachvollziehbar wurde diese ursprüngliche, von vorneherein sehr parteiische Sinnstiftung durch den Ersten Weltkrieg, der im August 1914 begann und im November 1918 endete und Frankreich ungeheure Blutopfer abforderte, gründlich ausgelöscht.

Ein anderer Sakralbau, der ebenfalls Buße symbolisieren soll, die *Chapelle Expiatoire*, unweit der heutigen *Place de la Concorde* errichtet, deren Name ebenfalls eine symbolische Beschwörung bezweckt, soll an Louis XVI. und Marie-Antoinette erinnern, die hier im Januar 1792 guillotiniert wurden. Alljährlich am Todestag des königlichen Paares wird in der während der Restauration in den zwanziger Jahren des 19. Jahrhunderts errichteten Kirche eine Gedenkmesse gelesen, bei der sich die wenigen französischen Monarchisten ein Stelldichein geben.

Besonders kurios geriet die wechselnde symbolische Zuweisung für das Panthéon. Im 18. Jahrhundert als der Patronin von Paris, der heiligen Genoveva, geweihte Kirche errichtet, wurde der mächtige klassizistische Bau im April 1791 von der Revolution zur Aufnahme der großen Toten bestimmt, wie dies die Giebelinschrift anzeigt: »Aux grands hommes, la Patrie reconaissante«. Napoleon, der die Erinnerung an die Revolution auszulöschen suchte, übergab das Panthéon 1806 wieder seiner ursprünglichen sakralen Bestimmung, reservierte aber dessen Krypta zur Beisetzung von Senatoren und anderen zivilen Würdenträgern seines Regimes. Kaum war die Julimonarchie 1830 proklamiert worden, wurde bereits Ende August jenes Jahres die Kirche erneut säkularisiert und das Gebäude wieder als Ruhestätte der

»grands hommes« ausgewiesen. Dabei blieb es aber, denn während der Juli-Monarchie wurden die Gebeine keines solcher Ehrung Würdigen hierhin überführt.

Mit der Machtübernahme Napoleons III. wurde 1852 das Panthéon wieder dem katholischen Kultus übereignet. Dieser Status dauerte bis 1885, als die Regierung der III. Republik aus Anlaß des Todes von Victor Hugo entschied, den Tempel wieder dem nationalen Totenkult zu widmen. Die sterblichen Reste Victor Hugos, der sich im Laufe seines langen Dichterlebens von einem glühenden Anhänger Napoleons I. zu einem entschiedenen Gegner Napoleons III. und schließlich zum Patriarchen der Republik gewandelt hatte, wurde als erstem seit den Tagen der Revolution von 1789 das Verdienst zuerkannt, hier bestattet zu werden. Das geschah am 1. Juni 1885.

Schließlich gibt es Symbole, die noch verstanden würden, wüßte man um ihre Existenz. Diesen Fall illustriert die Mobilmachungsproklamation vom August 1914, ein bedrucktes Blatt in der Größe eines Briefbogens, das noch heute in der *Rue Royale* unmittelbar neben der seitlichen Einfahrt zum Marineministerium an der *Place de la Concorde* in einem verglasten Kasten angeschlagen ist.

Um Paris zu erleben, muß man aber um all das gar nicht Bescheid wissen. Die einzige Voraussetzung ist die Bereitschaft, alles wahrnehmen zu wollen, was einem unter die Augen kommt, denn Paris ist die Stadt der Lichter, der Liebe und der Literatur. Mit einem Wort: Paris ist die Stadt des Lebens. Das Alte nimmt sich hier ganz selbstverständlich gegenwärtig aus, und das Neue fügt sich dem zumeist unauffällig ein. Vieles entspricht noch Menschenmaß, manches ist ins Gigantische gesteigert. Das schafft eine Fülle von Kontrasten zwischen Enge und Weite, Stille und Lärm, Ruhe und Getriebe. Paris hat nicht einen, sondern viele Charaktere: mal ist es hochmütig, kalt, stolz und abweisend; mal heimelig, provinziell, verträumt und zutraulich. Der Fremde, der zu

Besuch weilt, findet immer die Umgebung, die seiner Stimmung, seinen Erwartungen und Wünschen entspricht. Das erklärt vielleicht am besten, warum man sich in Paris sofort irgendwie zu Hause fühlt.

Die Provinz: arme Verwandte oder das eigentliche Frankreich?

Immer wieder gern wird versichert, Paris sei nicht Frankreich. So etwas nennt man eine Binsenweisheit. Aber, läßt man Paris weg, ist der große Rest, also das, was als die Provinz bezeichnet wird, auch nicht Frankreich.

Paris und das übrige Frankreich sind aufeinander angewiesen, um ein Ganzes zu sein. Darauf ruhen Fluch und Segen. Fluch deshalb, weil sich die Provinz im Verhältnis zu Paris immer als die arme Verwandte fühlt, sich irgendwie als deklassiert, zweitrangig empfindet. Ein Segen andererseits aber, weil man es sonst mit und in Paris auf die Dauer nicht aushielte. Das empfinden selbst die eingefleischtesten Pariser so, die wenigstens einmal im Jahr für länger, häufig aber auch an den Wochenenden das Verlangen packt, ihrer Stadt den Rücken zu kehren. Aber wohin sich wenden, wenn nicht in die Provinz?

Natürlich bleiben die Pariser, auch wenn sie sich Mühe geben, in der Provinz Pariser und werden von den Einheimischen auch sofort als solche erkannt. Umgekehrt ist es genauso. Der Provinzler wird nicht zum Pariser, nur weil er sich dort aufhält. Das braucht gute Weile.

Für die Pariser beginnt die Provinz jenseits des *Périphérique*, der Stadtautobahn, deren ringförmige Trasse dem Verlauf der Mitte des 19. Jahrhunderts um die Stadt errichteten Festungsbauten folgt. Diesseits dieses Rings befindet man sich *intra muros*, wie man heute noch sagt, jenseits davon wuchert die amorphe *Banlieue*, ein wirres Konglomerat zahlloser Vor- und Schlafstädte, die längst die einst schmucken Dörfer der Ile-de-France verschluckt haben. *Banlieusard* ist unter Pariser Autofahrern ein beliebtes Schimpfwort, denn deren Autokennzeichen sind ein Kainsmal, an dem sie leicht zu identifizieren sind.

Aber die *Banlieue* ist zunächst die *Banlieue* und noch nicht die Provinz im eigentlichen Sinne. Die beginnt irgendwo jenseits davon, weit außerhalb jenes Bereichs, den das häßliche deutsche Wort als »Einzugsbereich« definiert, wo man wohnt, aber jeden Morgen zur Arbeit nach Paris aufbricht. Die *Banlieue* ist also ein Zwitter: nicht Metropole, aber auch nicht Provinz. Das macht ihre Tragik aus. Die *Banlieue* trägt schwer an dem Schicksal, zwischendrin und damit irgendwie charakterlos zu sein.

Daran ändert auch wenig, daß es eine *Banlieue bon chic bon genre* gibt, eine mit feinen Adressen und hohem Sozialprestige. Neuilly beispielsweise oder die kleinen Orte westlich von Paris. Außerdem hat die *Banlieue* die Tendenz, immer weiter ins bloß Ungefähre und Unbestimmte auszuwuchern, ja, man könnte sogar die Schreckensvision haben, daß sie irgendwann einmal ganz Frankreich unter sich begräbt und damit auch die Provinz verschlingt.

Seit den Zeiten des Imperium Romanum gibt es mit Ausnahme Frankreichs kein anderes Beispiel für ein Land, das sich derart deutlich in Hauptstadt und Provinz unterscheidet. Paris hatte davon immer den Vorteil, die Provinz das Nachsehen, denn die Hauptstadt wirkte wie ein Magnet, der alle Talente an- und damit der Provinz entzog. Das hat Folgen, an denen die Provinz bis heute leidet und die sich in nüchternen Zahlen ausdrücken lassen. Paris hat zwei Millionen Einwohner, während in seinem Großraum derzeit rund neun Millionen Menschen leben. Die beiden anderen französischen Großstädte, die mehr als eine Million Einwohner haben, sind Lyon und Marseille.

Alles in allem gibt es in Frankreich nur 52 Städte, deren Bevölkerung die Zahl von einhunderttausend übersteigt. Der Charakter der Provinz ist also vor allem kleinstädtisch oder dörflich.

Die Hauptverantwortung für die Provinzialisierung der Provinz trägt die Französische Revolution, denn sie strebte danach, die schon unter der Monarchie zentralisierte Verwaltung noch mehr zu zentralisieren. Das geschah durch die Einrichtung der heute 99 *départements*, Verwaltungseinheiten, die das Land in bewußter Mißachtung seiner historisch gewachsenen Regionen nach der Maßgabe untergliedern, daß deren entfernteste Winkel nicht mehr als zwei Tagereisen zu Pferd vom *chef-lieu*, dem Sitz der jeweiligen Verwaltung entfernt sind.

Das leuchtet zwar ein, gab aber erst in allenfalls zweiter Linie den Ausschlag. Viel wichtiger war den Pariser Revolutionären dagegen, die Zentralgewalt zu stärken. Deshalb trachteten sie damals durch die neuen, völlig willkürlich gezogenen Grenzen dieser Verwaltungseinheiten, die alten, in Jahrhunderten gewachsenen regionalen und lokalen Identitäten zu zerstören, was ihnen gründlich gelungen ist.

Die früheren Herzog- und Fürstentümer sowie die *pays*, die »Länder«, wie Burgund, die Provence, Aquitanien, die Normandie, das Périgord oder die Bretagne wurden zerstückelt und neu aufgeteilt. Aus der Bretagne beispielsweise entstanden vier Départements, die alle Namen erhielten, die jede Erinnerung an die früheren Zustände auslöschen sollten: Finistère, Morbihan, Côte d'Armor oder Ile-et-Vilaine. Damit nicht genug, wurde die einstige Hauptstadt der Bretagne, Nantes, aus diesem Verbund von Départements, die vordem die Bretagne darstellten, herausgelöst und einem eigenen Département, Loire-Atlantique, zugeschlagen.

Nach diesem Muster wurde überall verfahren. Mehr als die Hälfte der Départements benannte man deswegen nach Flüssen oder Bergzügen. Das Département Var in Südfrankreich beispielsweise heißt nach dem Fluß, an dem bis 1860 die französisch-italienische Grenze verlief, nur hat sein Territorium mit diesem keinerlei Berührung; der Fluß durchströmt vielmehr das Département Alpes-Maritimes.

Mit der 1982 von Staatspräsident Mitterrand eingeleiteten zaghaften Verwaltungsreform, die Dezentralisierung bewirken sollte, aber hartnäckig als *Regionalisierung* bezeichnet wird, führte man ironischerweise eine Absicht aus, mit der sich bereits de Gaulle getragen hatte. Als 1969 beim Referendum über dieses Reformvorhaben eine Mehrheit dem General jedoch die Gefolgschaft verweigerte, trat der damals sofort von seinem Amt als Staatschef zurück. Was de Gaulle vorhatte, war in seiner Substanz nichts anderes als das, was Mitterrand klugerweise durch das gemeinsame Votum von Nationalversammlung und Senat billigen ließ: die Einrichtung von 22 Regionen, die wieder ihre alten Namen trugen.

An der Spitze der jeweiligen Region fungiert ein Präsident, der auch die gewählten Repräsentativorgane, die *Conseils régionaux*, leitet, die aber nur über geringe Etatmittel verfügen und deren Kompetenz sich im wesentlichen auf die wirtschaftliche Entwicklungsplanung, auf Fragen der schulischen Bildung und Erziehung sowie der Kultur beschränkt. Auch gibt es seit dieser Reform in jedem Département einen gewählten *Conseil général*, dem ebenfalls ein Präsident vorsteht. Da diese Repräsentativorgane dem Wähler näher sind als die *Conseils régionaux*, zieht es mancher ehrgeizige Politiker vor, lieber in jenen als in diesen ein Amt auszuüben. Außerdem können die *Conseils généraux* mit rund 10 Prozent über verhältnismäßig mehr Steuermittel verfügen als die *Conseils régionaux*, die sich mit rund 3 Prozent begnügen müssen. Im

Zuge dieser Reform erhielten auch die einzelnen Kommunen die Planungshoheit für ihre Stadtentwicklung zugestanden.

Alles in allem waren das aber nur kosmetische Veränderungen, die das Funktionieren des alten und rigiden Systems nicht im geringsten beeinträchtigen, zumal die Zuständigkeiten der *Conseils généraux* sich häufig mit denen der Präfekten überschneiden und deshalb jeweils verhandelt werden müssen. Das klärt, daß der unmittelbar dem Präsidenten und dem Innenminister unterstellte Präfekt nach wie vor der »starke Mann« ist, der in allen Belangen der Verwaltung das letzte Wort hat, der also selbst in den fernsten Winkeln des Landes dafür sorgt, daß der in Paris formulierte Wille befolgt wird.

Die Machtfülle des Präfekten ergibt sich daraus, daß jeder, der diesem *Corps* angehört, vom Staatspräsidenten, dem Ministerpräsidenten und dem gesamten Kabinett ernannt und bestätigt wurde, denn er vertritt in seinem jeweiligen Département alleinverantwortlich die Regierung in fast all ihren Belangen. Deshalb ist der Präfekt beispielsweise der Oberbefehlshaber der Polizei wie der Armee, wenn diese in seinem Département operieren. Der Präfekt gleicht also in allen seinen Kompetenzen dem mit ähnlicher Machtfülle ausgestatten königlichen Intendanten des Ancien régime, von dem Alexis de Tocqueville sagte: »L'intendant possède toute la réalité du gouvernement.« Von der umfassenden Kontrollbefugnis des Präfekten ausgenommen sind lediglich die Staatsanwaltschaft sowie die nachgeordneten Organe des Finanz- und Erziehungsministers.

Doch läßt sich nicht übersehen, daß die 1982 eingeleitete Dezentralisierung bereits jetzt gewisse Früchte zu tragen anfängt. So haben die Städte und Gemeinden dank der ihnen zugefallenen Kompetenzen bei ihrer wirtschaftlichen Entwicklung, Kultur und Stadtplanung ein neues kommunales Selbstbewußtsein entwickelt, das sich positiv auf ihr Erscheinungsbild auszuwirken beginnt: Das lange gemiedene und durch den Niedergang der hier ansässigen Textilindustrie dem vermeintlich sicheren Tod geweihte Lille hat sich zu einer schmucken, lebendigen Stadt entwickelt, die allemal einen Besuch lohnt.

Ähnliches geschieht mit Montpellier, das aus seinem Dornröschenschlaf erwacht ist, um von Toulouse ganz zu schweigen, das von der hier angesiedelten Air Bus-Fabrikation natürlich stark profitiert hat, während das neugewonnene Selbstbewußtsein von Lyon darin seinen Niederschlag fand, daß die Stadt eine TGV-Verbindung mit Brüssel durchsetzte, auf der die Hochgeschwindigkeitszüge ohne den üblichen Zwischenstop in Paris verkehren.

Das alles sind nur erste Anfänge, Frankreich ist nach wie vor weit davon entfernt, das starre Korsett seiner Zentralisierung abzulegen und einen irgendwie föderalistischen Charakter anzunehmen. Deshalb wird der Begriff »Föderalismus« auch ängstlich vermieden, denn damit täte sich sofort ein nicht zu vermittelnder Widerspruch zur *République une et indivisible*, zur einen und unteilbaren Republik auf. Um das eine mit dem anderen aber irgendwie zu vereinbaren, verfiel man auf die salvatorische Klausel, die Republik sei zwar unteilbar, aber »ihre Organisation ist dezentralisiert«.

Allein schon deshalb steht eine föderale Entwicklung noch in weitem Feld, zumal es höchst fraglich erscheint, ob sie in letzter Konsequenz gewünscht wird. Dafür spricht, daß Regionen und Kommunen eine gewisse eigene Legitimität und Entscheidungsfreiheit in den genannten Politikbereichen erhalten haben. Auch dürfen Stadt- und Gemeinderäte seit der Verwaltungsreform von 1982 über alle Fragen auf ihren Sitzungen debattieren, ohne wie früher sich zuvor vom Präfekten die Tagesordnung genehmigen lassen zu müssen. Untersagte der die Erörterung der einen oder anderen Frage, brauchte er für diese Entscheidung keinerlei Erklärung oder Rechtfertigung abzugeben.

Das ändert gleichwohl nichts daran, daß der Präfekt nach wie vor die Rechtsaufsicht über die Städte und Gemeinden seines Départements ausübt. Legt er heute aber Widerspruch gegen ein Votum des Gemeinderats ein, dann müssen die Verwaltungsgerichte entscheiden.

Dagegen spricht jedoch, daß die Regionen und Kommunen keine wirkliche Autonomie oder umfassende Entscheidungsfreiheit für ihre Belange erhalten haben. Zwar können sie jetzt über alles debattieren, aber die entscheidende Voraussetzung, über nennenswerte eigene Steuereinnahmen zu verfügen, bleibt nach wie vor stark beschnitten. Das Geld, das sie für ihre Vorhaben ausgeben wollen, wird nach wie vor von Paris überwiesen. Mit anderen Worten: Es ist weiterhin der Präfekt, auf dessen Einverständnis sie angewiesen sind, dessen Einwände und Wünsche berücksichtigt werden müssen und der als Repräsentant des Staatspräsidenten und der Regierung über einen erheblichen Ermessensspielraum verfügt, der es ihm gestattet, sich in vielfältiger Weise auch in die geringsten Belange der Regionen oder Kommunen einzumischen.

Der Umfang an eigenverantwortlich gestaltbarer Selbständigkeit der Regionen und Kommunen ist also von einer Reihe von Faktoren abhängig, die es politisch auszuloten gilt. Ein dynamischer und entsprechend ehrgeiziger Präsident eines *Conseil général*, der sich auf eine starke Mehrheit in der Vertretungskörperschaft scincs Département stutzen kann, wird deshalb in der Regel mehr erreichen als einer, der um jeden Preis einc Auseinandersetzung mit dem Präfekten vermeiden will. Dasselbe gilt natürlich auch für die Kommunen wie auch für das Zusammenspiel von Kommunen und Département, die dem Präfekten in cincr mehr oder weniger geschlossenen Allianz gegenübertreten können. Kurz, es tut sich hier ein großer Spielraum auf, der sehr unterschiedliche Nutzungsmöglichkeiten bietet, mit der Folge, daß der Prozeß der mit den Reformen von 1982 angestoßenen Dezentralisierung noch einen langen und windungsreichen Weg zurücklegen muß, um an ein vorläufiges Ende zu gelangen.

Wie bei solchen Verbandsformationen üblich, bestimmt

nämlich der jeweils Langsamste das Tempo, was kurzfristig sogar von erheblichem Vorteil sein mag, weil der nach wie vor zentralisierte Staat es nicht zulassen kann, daß ein Département oder eine Region allzu deutlich gegenüber einer anderen Verwaltungseinheit, die dynamischer geführt wird, in der Entwicklung zurückfällt. Zum anderen ist nicht damit zu rechnen, daß ausgerechnet die Präfekten sich den Ast absägen, auf dem sie sitzen. Allein schon ihrem großen Prestige sind sie es deshalb schuldig, die alten Geleise intakt zu halten, den Ehrgeiz von Kommunen, Départements und Regionen zu zügeln.

Das wird ihnen häufig nicht sehr schwerfallen, denn viele Lokal- und Regionalpolitiker plagen ganz andere Ambitionen, als in zähen Verhandlungen das Wohl und Wehe ihrer Kommunen, Départements und Regionen zu fördern. Sie schielen nach Paris, wollen Abgeordnete in der Nationalversammlung, vielleicht sogar Minister werden. Ein solches Ziel muß um so begehrenswerter erscheinen, weil sie ihren Posten als Bürgermeister, ihre Mitgliedschaft im *Conseil général* oder sogar dessen Präsidentschaft weiterhin ausüben können. Das ist ihr *fief*, ihr Lehen, ihre lokale oder regionale Machtbasis, die ihnen in Paris Gewicht verleiht und Einfluß verschafft und auf die sie sich im Falle eines Mandatsverlusts wieder zurückziehen können, ohne deshalb ins politische Nichts zu stürzen.

Diese Ämterhäufung ist ein Charakteristikum französischer Politik, das bislang allen Beschneidungsversuchen erfolgreich getrotzt hat. Diese Praxis wurde durch die »Provinzialisierung« der Provinz mittels der rigiden Zentralisierung förmlich erzwungen.

In Frankreich gibt es nicht weniger als 36679 Kommunen, eine schwindelerregende Zahl, die sich plausibel damit erklären läßt, daß selbst noch das kleinste Dorf die kostengünstigste und effektivste Möglichkeit bietet, das platte Land zu verwalten und zu beaufsichtigen. Bis zum Ende des 19. Jahrhunderts versah der Bürgermeister in den meisten dieser Kommunen sein Amt ehrenamtlich, d. h. er wurde dafür nicht bezahlt, mit der Folge, daß sich für dieses Amt nur die politisch zuverlässigen, d. h. konservativen Notabeln zur Verfügung stellten, die über eigenes Einkommen aus ihrer beruflichen Tätigkeit verfügten.

Daran hat sich heute nur insofern etwas geändert, als viele der ländlichen Kommunen ein so geringes eigenes Steueraufkommen aus der Wohnungssteuer, der *taxe d'habitation*, beziehen, daß ihnen lediglich ein symbolisches Gehalt gezahlt werden kann. Die Amtspflichten eines Bürgermeisters sind im übrigen denen eines Verwaltungsbeamten nicht unähnlich. Neben der Ausführung der Gemeinderatsbeschlüsse haben sie eine Reihe von Verwaltungsaufgaben im Auftrag der Regierung, selbstverständlich unter dem gestrengen Auge des Präfekten, auszuführen. Dazu gehören die Organisation der Wahlen und Referenden einschließlich der Stimmauszählung, die standesamtlichen Belange, Einrichtung und Unterhalt von Kindergärten und Schulen sowie als wichtigste ordnungspolitische Aufgabe, die Gewährleistung der öffentlichen Sicherheit und Ordnung. Dazu zählte kurioserweise aber auch das Gebot während der Sonnenfinsternis 1999, daß die Bürgermeister an die Gemeindebürger Schutzbrillen zu verteilen hatten, damit diese bei der Betrachtung des Naturschauspiels nicht ihr Augenlicht schädigten.

Aber trotz vermeintlicher Verantwortungsfülle verfügen die Kommunen nur über eine engbegrenzte Gestaltungsmacht. Sie sind zwar für Bau und Unterhalt der Schulen und Kindergärten verantwortlich, aber die Lehrergehälter werden vom Staat bezahlt. Als im Jahr 2003 deren Besoldung den Regionen übertragen werden sollte, kam es zum Aufstand der Lehrerschaft, die natürlich fürchtete, für diesen Dezentralisierungsfortschritt mit Gehaltskürzungen einstehen zu müssen, nachdem deren finanzielle Ausstattung auf zu unsicheren Grundlagen basiert.

Auch für den baulichen Unterhalt der Kirchen ist die

Gemeinde verantwortlich, während deren Innenausstattung mit Glasfenstern, Heiligenfiguren oder Orgeln aus dem Etat des Kulturministeriums bestritten wird. Eine bemerkenswerte Ausnahme von dieser kommunalen Gleichheit der Rechte und Pflichten stellt indes die Ausübung der Polizeigewalt dar, denn lediglich Kommunen mit weniger als 10000 Einwohnern dürfen eine eigene Polizei, die *Police municipale*, unterhalten. Insgesamt gibt es in Frankreich rund 12000 dieser städtischen Polizeikräfte, von denen allerdings nur ein Drittel eine Waffe führt.

Das darf man getrost für eine übertriebene Vorsichtsmaßnahme halten, denn keine Kommune dieser Ortsgrößenklasse hat die Mittel, eine Polizeitruppe auf die Beine zu stellen, die der Präfekt oder gar der Staat im Falle eines Falles fürchten müßte. Diese gebieten nämlich insgesamt über die 250000 Mann der *Police Nationale* und der *Gendarmerie*. Die wegen ihrer Brutalität berüchtigten Truppen der kasernierten *CRS*, der *Compagnie Républicaine de Sécurité*, die vorzugsweise bei gewalttätigen Demonstrationen zum Einsatz kommt, nicht gerechnet. Welches Mißtrauen der Staat hinsichtlich seiner Bürger hegt, verrät auch, daß sowohl die *Gendarmerie* als auch die Berufsfeuerwehren von Paris und Marseille der Armee angehören und in deren striktes Befehls- und Beförderungssystem eingebunden sind.

Paradoxerweise kann die staatliche Machtfülle gerade das nicht in jedem Falle gewährleisten, was mit ihr bezweckt werden soll: umfassende Sicherheit. Das Beispiel dafür liefern die seit einigen Jahren in der Sylvesternacht üblichen Ausschreitungen, die zur gewalttätigen Folklore in den sogenannten »sozialen Brennpunkten« gehören, Stadtrandgebieten mit hohem Prozentsatz an Arbeitslosen, Deklassierten und Ausländern, und bei denen regelmäßig Dutzende, wenn nicht Hunderte von Autos angezündet werden.

Die *Police Nationale* oder die *Gendarmerie* sind zwar immer schnell zur Stelle, aber erfahrungsgemäß erst dann, wenn der

Schaden angerichtet ist. Wirksame Abhilfe im Sinne einer Kriminalitätsprävention verspräche hier eine dauernde und vor allem sichtbare Polizeipräsenz von Kräften, die sich in den jeweiligen Vierteln gut auskennen und den Bewohnern ein vertrauter Anblick sind. Wie sinnvoll eine solche *Police de proximité* wäre, ist zwar längst erkannt worden, allein dies bedeutete in der Praxis, die Polizei zu dezentralisieren oder auch größeren Gemeinden rechtliche und finanzielle Voraussetzungen zu geben, eine eigene Truppe von Ordnungshütern aufzustellen, zu bewaffnen und zu besolden.

Die Schwierigkeit, solche Einsicht zu realisieren, zeigt das Beispiel von Meaux, einer Stadt von rund 50000 Einwohnern, die etwa vierzig Kilometer östlich von Paris liegt und die fragwürdige Reputation genießt, einer der großen sozialen Brennpunkte im Umkreis der Hauptstadt zu sein. Beinahe die Hälfte der Einwohner von Meaux lebt in *HLM's*, in *Habitations à loyer modéré*, in Sozialwohnungen also, die in den 1960er und 70er Jahren hochgezogen wurden und jetzt vor allem von Immigranten überbelegt sind. Diese Ghettos sind wahre Brutstätten der Kleinkriminalität, des Bandenwesens, von Drogenhandel und anderer ungesetzlicher Aktivitäten. Um der wachsenden Sicherheitsprobleme Herr zu werden, gelang es dem Bürgermeister von Meaux, Jean-François Copé, der über exzellente Beziehungen zur Regierung in Paris verfügte, dem Präfekten das Zugeständnis abzutrotzen, eine eigene städtische Polizei von circa 90 Beamte aufzustellen, die rund um die Uhr Streife gehen und bei den geringsten Anzeichen von Gewalttätigkeit zur Stelle sind.

Bezeichnenderweise hat diese Polizeitruppe aber nur sehr eng begrenzte Kompetenzen, die ihre Wirksamkeit empfindlich einschränken, denn sie sind nach Statut gewissermaßen nur Hilfssheriffs, die der *Police Nationale* unterstellt sind. Praktisch bedeutet das, daß sie zwar bewaffnet sind und auch Ausweiskontrollen vornehmen dürfen, aber sie können nur dann zu Verhaftungen schreiten, wenn sie den Täter auf frischer Tat ertappen. Auch ist es untersagt, Verhöre und Untersuchungen anzustellen oder mit Richtern oder Staatsanwälten direkt in Beziehung zu treten. Alle diese polizeilichen Funktionen unterliegen dem Gewaltmonopol des Staates und können folglich nur von der *Police Nationale* ausgeübt werden.

Die bislang widersprüchlichen Folgen der Verwaltungsreform von 1982 sind aber nur eine, wenngleich wichtige institutionelle Weichenstellung dafür, daß in der französischen Provinz ein spürbarer Wandel einzog. Eine andere Ursache dafür ist der rapide Ausbau der Infrastruktur. Vor allem die von de Gaulle initiierte Erweiterung des Autobahnsystems und das wahrhaft vorbildliche Netz von Hochgeschwindigkeitszügen, die auf eigenen Trassen verkehren und bald das ganze Land erschließen – die bislang noch fehlende TGV-Verbindung Paris–Straßburg wird in den nächsten Jahren fertiggestellt sein –, haben Wunder bewirkt. Wenn man heute mit diesen bequemen Zügen in gut drei Stunden von Paris nach Bordeaux, in rund zwei Stunden nach Lyon und in zweieinhalb nach Avignon fahren kann, dann verliert die Provinz viel von dem Schrecken, den ihre verkehrstechnisch bedingte Abgelegenheit mitverantwortete.

Das beweist die demographische Entwicklung Frankreichs, die Verteilung des vor allem durch die Binnenmigration verursachten Bevölkerungswachstums, von dem außer Paris besonders die Regionen südlich der Loire profitieren. Es sind aber nicht nur Ruheständler, die es aus Paris aufs Land lockt oder aus dem Norden in den Süden, sondern auch immer mehr Familien mit Kindern, die in verkehrsmäßig günstig gelegene Provinzstädte ziehen, also unweit eines TGV-Bahnhofs, weil sie hier leichter und zu vorteilhafteren Preisen Wohnraum finden als in Paris oder dessen *banlieue*. Die Familienväter, die in Paris arbeiten und dort unter der Woche ein kleines Appartement bewohnen, werden zu »Wochenend-Pendlern« und folgen damit einer Entwicklung, wie sie in den Metropolen anderer Länder schon länger gang und gäbe ist.

In Paris beginnt das, durch das rapide Ansteigen der Immobilienpreise verursacht, in den letzten zehn Jahren jetzt langsam einzusetzen.

Allein, mit den Zahlen für diese Entwicklung verhält es sich wie mit den Schwalben, aus deren Auftauchen nicht unbedingt auf das Nahen des Sommers geschlossen werden kann. Die Provinz verliert zwar allmählich einige ihrer besonderen Merkmale, wird nicht nur räumlich und zeitlich der Kapitale angenähert, sondern wird auch anders, positiver wahrgenommen. So wurden die Aufschriften an den Briefkästen der Postämter, die früher »Paris« oder »province« lauteten, unterdessen ersetzt durch solche, die einem die Wahl lassen zwischen »Paris«, »banlieue« und »départements«.

Auch ist es einigen Städten in der Provinz gelungen, in einen kulturellen Wettbewerb mit Paris zu treten. Das gilt namentlich für »Festivalstädte« wie Avignon, Aix-en-Provence oder Cannes, aber auch für Lyon, Grenoble, Toulouse, Tours, Nancy oder Lille. Die geplante Eröffnung von Dependancen der großen Pariser Kultureinrichtungen wie des Louvre oder des Centre Pompidou in Städten der Provinz wie Metz wird ebenfalls zur Aufwertung der Provinz beitragen. Das gilt auch für die Verlegung der von Prestige umwitterten *ENA*, der *Ecole Nationale d'Administration*, aus dem vornehmen 7. Pariser Arrondissement nach Straßburg, die von der ersten Frau, die in Frankreich das Amt des Premierministers bekleidete, von Edith Cresson, im November 1991 verfügt, aber erst Ende des Jahres 2004 abgeschlossen wurde.

Das wird kurzfristig nichts daran ändern, daß Karrieren in Politik, Wirtschaft oder im kulturellen Leben nach wie vor in Paris gemacht werden. Hier spielt die Musik, der die Provinz lauschen kann, werden die Moden lanciert und die intellektuellen Trends gesetzt. Wer an den *Grandes Ecoles*, die mit Ausnahme der *ENA* noch immer ihren Sitz in Paris haben, sein Studium beendet hat und in die Provinz geht, folgt damit im übrigen weniger seiner Neigung als vielmehr dem Zwang, dort eine Anstellung zu finden, die für qualifizierte Berufsanfänger reserviert ist.

Auch der Einfluß der Medien, zuerst des Fernsehens, das die Illusion der gleichzeitigen Wahrnehmung eines Ereignisses oder einer Neuigkeit transportiert, kann die Kluft zwischen der Provinz und Paris zwar überspielen, indem es dem Provinzler die willkommene und gänzlich neue Chance eröffnet, sich zeitgleich mit dem Pariser kommentierend zu Wort melden zu können. Auch hierfür gilt: Die Musik wird meist noch immer in Paris intoniert, und Robert Escarpit, der einst täglich seine geschliffenen, unvergeßlichen Glossen für die Rubrik »Au jour le jour« an das Zentralorgan der Pariser Intelligenz *Le Monde* von Bordeaux aus sandte, ist längst tot und wurde nicht ersetzt.

Doch ist die Provinz in einem umfassenden Prozeß der Differenzierung, der Abschichtung und Neugewichtung begriffen, angestoßen durch verschiedene Ursachen, als deren gemeinsamer Nenner sich eine mehr oder weniger große Attraktivität einzelner Städte oder Regionen bestimmen läßt, die durch Konjunkturen oder Moden beeinflußt wird. Letzteres gilt etwa für den Luberon, eine waldreiche und einst geradezu verwunschene Landschaft in Südfrankreich, in der auf dem Plateau d'Albion die landgestützten Atomraketen der *Force de frappe* in gewaltigen unterirdischen Bunkeranlagen stationiert sind. Seit mehr als dreißig Jahren ist die Landschaft ein beliebter Sommersalon des *Tout Paris.*

Die einschlägige Karriere des einstigen idyllischen Fischerdorfs Saint Tropez ist hingegen noch um einige Jahrzehnte älter, ebenso wie die des Hinterlands von Cannes bis Nizza. Solche Moden drücken sich unmittelbar in rapide ansteigenden Preisen für Immobilien und Lebenshaltung aus, die eine Neuorientierung des innerfranzösischen Ferientourismus erzwingen, von dem neuerdings vor allem der Küstensaum der Bretagne profitiert, während der Ski-Tourismus die Savoyer Alpen »industrialisiert« hat. Deren Boom liefert im übrigen eine gute Illustration für die Auswirkungen der verkehrstechnischen Erschließung: Von Paris oder Brüssel aus sind diese Skiorte rasch und bequem mit dem TGV zu erreichen, und selbst von London aus baggert in der Wintersaison der »Euro-Star« die Skiläufer der Nebelinsel auf diese schneesicheren und sonnenbeschienenen Höhen.

Begleitet werden solche Moden allemal von einer oberflächlichen Angleichung an den von Paris gesetzten Konsumstandard, die sich im massenhaften Auftauchen von Edelboutiquen, Feinschmeckerrestaurants oder Promi-Diskotheken manifestiert. Inwieweit dadurch ein »Kulturaustausch« zwischen der Provinz und Paris stattfindet, läßt sich nur schwer feststellen. Was in Paris als chic gilt, wird jetzt vermutlich wesentlich schneller in der Provinz nachgeahmt. Dafür, daß dieser Einfluß auch umgekehrt spürbar wird, die Provinz also Paris beeinflußt, liefert noch am ehesten die langsame Veränderung der Eßgewohnheiten einen Beleg.

Die *Herbes de Provence* waren die ersten Vorboten des Südens in der Pariser Küche. Ihnen folgten das Olivenöl und seit einigen Jahren auch der Knoblauch, der aber zumeist nur in seiner »kastrierten« Erscheinung toleriert wird. Ähnliches gilt für die Rotweine aus dem Languedoc, die, von jungen, ambitionierten Winzern ausgebaut, durchaus Qualität haben und den Pariser Zecher vor allem wegen ihrer verglichen mit Bordeaux oder Burgunder noch günstigen Preise überzeugen.

Von der wirtschaftlichen Konjunktur profitierte auch Toulouse, dessen städtisches Selbstbewußtsein mittlerweile dem von Paris kaum mehr nachsteht. Allerdings ist damit auch das Preisniveau zwischen beiden Städten vergleichbar geworden. Eine ähnliche Entwicklung ist im Hinterland der Côte d'Azur festzustellen, wo sich vermehrt eine sehr lohnintensive elektronische Forschung, Entwicklung und Produktion angesiedelt hat. Toulouse wie Nizza sind im übrigen durch ein dichtes Netz von »Shuttle«-Flügen, von früh morgens bis spät am Abend im Stundenrhythmus, mit Paris verbunden.

Daß es keineswegs gleichgültig ist, welche Dienstleistungen oder Produktionen an einem Ort konzentriert sein müssen, um dessen Image und Lebensqualität aus dem gleichgültigen Mittelmaß der Provinz herauszuheben, zeigt das Beispiel von Niort in der Charente-Poitou, westlich von Paris gelegen. Rätselhafterweise haben alle großen französischen Versicherungsunternehmen, die zahlreichen und vermutlich gutbezahlten Angestellten einen vergleichsweise krisensicheren Arbeitsplatz bieten, hier ihren Hauptsitz. Dabei zählt Niort in jeder Hinsicht zu den langweiligsten Städten, in die ein widriges Schicksal jemanden verschlagen kann.

Jenseits solcher Wohlstandsinseln und der wenigen großen Städte wie Lyon, Marseille, Nantes und auch Bordeaux, das, dem großen Ozean zugewandt, sich seit je eine eigene, selbstbewußte Existenz zu bewahren wußte, erstreckt sich die eigentliche, die wahre französische Provinz, liegt »Chabrol-Land«. Der französische Filmregisseur hat sich von den Ängsten, der Bigotterie, dem Kleingeist in der französischen Provinz zu seinen schönsten Filmen inspirieren lassen. Aber es wäre ein Irrtum, die Provinz und die Menschen, die Claude Chabrols Filme bevölkern, mit deren Wirklichkeit zu verwechseln. Was sie zeigen, ist vielmehr eine Provinz gesehen durch das Temperament des Claude Chabrol und ausgeschmückt mit zahllosen ironischen Brechungen und Überspitzungen. Was Chabrol serviert, ist eine mit vielen Zutaten verfeinerte Essenz, deren Rohstoff sein Erleben der französischen Provinz darstellt. Mit anderen Worten: Auch er reiht sich ein in die große Zahl jener, die sich ihre Provinz erfanden als Spiegel, in dem wir aus großer Distanz unsere eigenen Ängste und Hoffnungen betrachten können, ohne zugeben zu müssen, daß wir nur unser Spiegelbild vor Augen haben.

Das soll nicht heißen, die französische Provinz sei ganz anders. Sie ist anders, zuerst von großem, oft überwältigendem landschaftlichen Reiz. Eben der verschafft Frankreich seine Einzigartigkeit. Es gibt kein Land auf der Welt, in dessen

Geographie die vermeintlichen Gegensätze von Weiträumigkeit mit kleinteiliger Vielfalt so glücklich und harmonisch verbunden sind wie Frankreich. Hier hat man alles, was Landschaft an topographischen Phänomenen zu bieten hat: von ewigem Schnee und riesigen Gletschern bedeckte, gewaltige Gebirgsmassen, dichtbewaldete Mittelgebirge, von starken Winden gezauste karge Hochflächen, verwunschene Flußtäler, Landschaften mit Rindern in »Halbtrauer« (Arno Schmidt), die aussehen, als hätte sie ein holländischer Landschaftsmaler des 17. oder 18. Jahrhunderts entworfen, ganze Landstriche, die das Aussehen von gepflegten Gärten haben, sumpfige Tiefebenen und sanft rollende Hügel, die von der Geometrie der Weinberge fassoniert werden.

Ja, es gibt hier sogar Landschaften, die für mehrere Generationen eine politische Mahnung ausdrückten: »la ligne bleue des Vosges« beispielsweise. Und schließlich, als effektvoller Kontrast zu all diesen Wundern, eine nicht minder vielgestaltige Küstenlinie, mal steil abfallend, mal ungastlich felsig und dann wieder mit breiten Sandstränden und mächtigen Dünen. Die französische Küste ist mehr als fünftausend Kilometer lang, ja, rechnet man die Überseeterritorien mit ein, so kann man sagen, daß Frankreich an fünf Ozeane grenzt. Während die Landschaft ihr Aussehen im Wechsel der Jahreszeiten verändert, der Mensch sie kultiviert und ihr in Jahrhunderten ein neues Gepräge verleiht, sie durch Nutzung verändert oder zerstört, bleibt das Meer immer es selbst: undefinierbar, unergründlich, unendlich.

Seltsamerweise hat dies die Franzosen nie dazu verführt, eine der großen seefahrenden Nationen zu werden. Natürlich haben auch sie ihre wagemutigen Entdecker, ihre Weltumsegler, Korsaren und Freibeuter, ihre risikofreudigen Kauffahrer, zählen das Segeln und große ozeanische Regatten zu den beliebtesten Sportarten, über die in den Medien ausführlich berichtet wird, aber das Meer war nie die große Berufung der Franzosen.

In einer Zeit, als Engländer, Holländer, Portugiesen und Spanier mit ihren Schiffen die Meere durchstreiften, entlegenste Inseln und Küsten in Besitz nahmen, der Besitz einer Hochseeflotte ein schier unverzichtbarer Ausweis der eigenen Großmachtrolle war, verfügte die französische Monarchie auch nicht im entferntesten über ein vergleichbares Instrument. Chamfort hat eine diese Paradoxie erleuchtende Anekdote überliefert. Als ein Hofmaler ein Porträt von Louis XV. malte, besaß der die Kühnheit während einer der Sitzungen zum König zu bemerken: »Tatsächlich, Sire, besitzen Sie keinerlei Marine!« Worauf der versetzte: »Was sagen Sie da? Ich habe doch Vernet!«

Joseph Vernet, der Stammvater einer Malerdynastie, war *der* französische Marinemaler des 18. Jahrhunderts, der vom Bruder der Pompadour, dem Marquis de Marigny, in seiner Eigenschaft als Generalbevollmächtigter der königlichen Flotte den Auftrag erhalten hatte, in einer Serie großer Ölgemälde die französischen Häfen abzuschildern. Vernet schuf damit ein in doppelter Hinsicht großes Vermächtnis, denn seine pittoresken Ansichten begeistern noch heute Liebhaber von Seestücken, und gleichzeitig sind sie eine melancholisch stimmende Darstellung des Reichtums, der Macht und der Herrlichkeit der großen französischen Hafenstädte unmittelbar vor ihrem Verfall und Niedergang, von dem sie sich nie wieder erholen sollten.

Das Rätsel dieser Paradoxie läßt sich mit der Vermutung lösen, daß die Franzosen nicht vor soviel Meer verzagten und zurückschreckten, sondern daß sie soviel schönes, vielgestaltiges und auch fruchtbares Land besaßen, das zu kultivieren ihnen weitaus gefahrloser und gewinnbringender zu sein schien. Die Küstenstriche wurden lediglich als verschwenderische Zugabe zu solcher Gnade erlebt, die man allenfalls zu gärtnerischen Zwecken, zur Anlage von Austernbänken nutzen konnte.

Nein, Frankreich blickte nicht in die Weite, schaute nicht

mit Sehnsucht aufs Meer hinaus, sondern fand sein Glück im riesigen Hinterland, in der Provinz. Das verrät auch die Siedlungsgeographie. Mit Ausnahme der Mittelmeerküste, die schon in phönizischer und römischer Zeit besiedelt war, weist die lange französische Atlantikküste erstaunlich wenige Hafenstädte von einiger Bedeutung auf. Die großen Kathedralen, die florierenden Provinzstädte entstanden alle in meerfernen Regionen.

Gerade das trägt zum besonderen Reiz der französischen Provinz bei. Mit Ausnahme von Italien gibt es kein Land, das heute noch so viele und weitgehend unveränderte, durch Kriege nicht zerstörte kleine Städte vorweisen kann, in denen die Erinnerung von Jahrhunderten präsent ist. Neben und mit der landschaftlichen Vielfalt ist es diese durch ein vorzügliches Straßennetz verbundene Ansammlung menschlicher Siedlungen, von Dörfern und kleinen Städten, die in Flußbiegungen nisten, sich in Täler ducken oder von Hügeln weit ins Land leuchten, sich um mächtige Kirchen, Burgen oder Schlösser scharen, die Frankreich, *la douce France*, zu einem Land machen, das unserer Sehnsucht immer gegenwärtig war.

Jahrmarkt der Eitelkeiten mit intellektuellem Anspruch: Saint-Germain-des-Prés

Früher war bekanntlich immer alles besser, schöner, gewaltiger, beeindruckender. Das gilt auch für Frankreich. Das Land besaß eine Ausstrahlung, die bis in die fernsten Ecken der Welt reichte, und der einzigartige Leuchtturm, der diese Signale aussandte, war Paris. Hier wurde entschieden und ausgedacht, geschrieben und gemalt, was die Welt verblüffte, ihr das Gesetz und den Geschmack diktierte. So etwa ließe sich in groben Zügen das Bild beschreiben, das die Franzosen von sich selbst entworfen haben und von dessen Stimmigkeit sie bis heute überzeugt sind. Das hat Gründe, die, wie alles, was das französische Wesen prägt, weit in die Geschichte zurückreichen.

Ursprünglich war Frankreich lediglich Paris und die umgebende Landschaft der Ile-de-France. Hier hatten die Könige ihren Sitz, die ihren Machtbereich in Jahrhunderten mit Kriegen, Allianzen und vorteilhaften Eheschließungen mit bewundernswert zähem und scheinbar unbeirrbarem Zielbewußtsein in konzentrischen Kreisen ausdehnten, so wie ein Tintenklecks immer weiter auf dem Löschpapier verläuft.

Die Bretagne, die Languedoc und Navarra waren einst selbständige Staaten, in denen auch eine je eigene Sprache gesprochen wurde, Aquitanien gehörte lange zu England, ebenso weite Teile der Normandie – Calais diente sogar bis 1559 als englischer Brückenkopf auf dem Kontinent –, die Herzöge von Anjou, Blois-Champagne, Flandern und Burgund waren gefährliche Konkurrenten um die französische Krongewalt.

Es dauerte Jahrhunderte, bis es den französischen Königen gelang, die vielen regionalen und lokalen Ansprüche auf Macht und Unabhängigkeit zu beseitigen und dem Despotismus einer zentralisierenden Krongewalt zum Sieg zu verhelfen. Aber selbst dann noch wurde das Land ausschließlich durch Macht und Willen der Krone, deren Instrument die Verwaltung war, und nicht durch ein irgendwie nationales Zusammengehörigkeitsgefühl organisiert. Über weite Strekken ist deshalb die Ausdehnung des französischen Herrschaftsgebiets eine wirre und verworrene Entwicklung, die erst 1860 mit der Annexion von Savoyen und Nizza zu jenem uns heute vertrauten Kartenbild erstarrte.

Die regelmäßige Gestalt, der sich Frankreich im Zuge dieser von vielen Zufällen beeinflußten Entwicklung annäherte, ist seit der Revolution von 1789 immer wieder ideologisch ausgedeutet worden. Mit seiner Charakterisierung als Hexagon, als Sechseck, das Frankreich ungefähr darstellt und das sich mit einem Kreis, dem Symbol der Vollkommenheit, umschreiben läßt, war seither die stillschweigende Überzeugung verbunden, das Land verdanke nicht nur seine äußere Gestalt irgendwie dem Walten eines höheren Willens, sei gewissermaßen von der Vorsehung aus- und vorgezeichnet. Die Jakobiner, die radikalen Antreiber und Interpreten dieser Revolution, gewannen dem den Einfall von der *République une et indivisible*, der einen und unteilbaren Republik, ab, einen Entwurf, den sie mittels eines glühenden Nationalismus, der dem Land seine »natürlichen Grenzen« verschaffen sollte, derart erfolgreich durchsetzten, daß er seine unwidersprochene Gültigkeit bis heute bewahrt hat.

Damit war die Idee, die Frankreich seither von sich selbst hat, perfekt. In allen seinen Eigentümlichkeiten begreift sich das Land nicht von den Launen der Natur und Geschichte geschaffen, sondern als Einheit, in der sich ein planender Wille verrät, dessen charakteristische Eigenarten folglich auch keineswegs willkürlich sind, sondern sich als beabsichtigte Ausnahmen, als selbstbewußte Abweichungen von einer chaotischen Regel begreifen lassen. Eng verknüpft sich damit die spezifisch französische Überzeugung, einer Nation anzugehören, die in der Geschichte nicht ihresgleichen hat und deshalb gegenüber der gesamten Menschheit den Anspruch erheben kann, Vorbild und Führer zu sein.

Im 19. Jahrhundert hat der große Historiker der Revolution, Jules Michelet, diesen Anspruch in Worte gefaßt, deren Echo bis heute in der politischen Rhetorik Frankreichs nachhallt: »Allein unsere Geschichte ist in sich vollständig. Mit ihr umfaßt man die ganze Welt. Sie ist gleichermaßen das Prinzip wie die Legende.« Aus dieser geradezu religiösen Gewißheit von der historischen Ausnahme Frankreichs leitet Michelet dann den Schluß her, es sei geradezu die »patrie universelle«, das Vaterland aller Menschen. »Der Umstand, daß diese Nation als ein Asyl für die ganze Welt gelten kann, zeigt, daß sie, weit mehr als eine Nation, eine gelebte Bruderschaft ist. Die französische Nation war und ist das Heil des menschlichen Geschlechts.«

Derlei erzwingt die Vermutung, von Frankreich aus gesehen sei die ganze Welt nichts anderes als Provinz, ein Durcheinander, das von widersprüchlichen, abergläubischen und altfränkischen Anschauungen lediglich zufällig und notdürftig zusammengehalten wird. Zu dieser Sicht bekannte sich beispielsweise General de Gaulle, der verschiedentlich jene Anschauungen, die Michelet repräsentierte, öffentlich in Worte kleidete wie: »Die Berufung Frankreichs ist, für das

Interesse aller einzustehen.« Oder: »Sobald Frankreich seinen ganzen Einfluß entfaltet, dann nur im Interesse aller.« Und schließlich: »Frankreich ist das Licht der Welt, sein Genie ist dazu bestimmt, das Universum zu erleuchten.«

Frankreich, so wird daran deutlich, ist einerseits eine messianisch inspirierte Deutung der eigenen Geschichte als Wille und Vorstellung; andererseits aber ein Land, das wie jedes seine gewiß einmaligen und nur ihm charakteristischen Eigenarten und Besonderheiten aufweist und das deshalb mit demselben Recht als einmalig gelten oder Anspruch auf eine Ausnahme machen kann wie andere Länder auch. Die von Frankreich immer wieder in Anspruch genommene Besonderheit bleibt so gesehen nur eine Behauptung, die sich durch nichts erweisen läßt, weder mit der angeblich besonderen physisch-geographischen Gestalt noch gar mit 325 Käsesorten, mit denen in Vergleich zu treten sich ebenso viele Wurst- oder Brotsorten deutscherseits im übrigen nicht scheuen müssen.

Für französische Ohren wird eine solche Feststellung geradezu ketzerisch klingen, allein die Nebenfolgen dessen, was neuerdings als Globalisierung bezeichnet wird, müssen über kurz oder lang auch in Frankreich als Verlusterfahrungen an einem traditionellen und längst unwahr gewordenen Selbstbild wahrgenommen werden.

Dieser Verlust, dessen Wahrnehmung noch verweigert wird, ist heute nirgendwo augenfälliger als in Saint-Germain-des-Prés, jenem Viertel, das mit seinem Namen noch vor einigen Jahren den Gipfel intellektuellen und kulturellen Raffinements bezeichnete. Die Feststellung ist, zugegebenermaßen, keineswegs originell, zumal es überall auf der Welt Menschen gibt, die sich mit Emphase ihrer Erlebnisse hier entsinnen und mit großer Aufmerksamkeit das Verschwinden der Substanz registrieren, von der diese zehrten.

Seien wir ehrlich: Wir alle waren auf dieser Szene immer nur Zuschauer, die manchmal das Glück hatten, einen der

Akteure zu gewahren, die dem Ort seine Bedeutung verschafften, die Schauspieler, Schriftsteller, Philosophen, kurz der intellektuelle *gratin de Paris*. Vor allem das *Café de Flore* war und ist der *Jardin des Plantes* dieser Fauna und Flora. Aber man muß schon Glück haben, will man hier eines der bekannten Gesichter entdecken. Die Masse des Publikums besteht aus solchen, die hier gelangweilt auf der Lauer liegen, daß dieses Wunder geschieht.

Beliebt ist auch, sich den Anschein zu geben, als gehöre man dazu, sei Teil des Betriebs. Mit geringer Übung läßt sich derlei mühelos durchschauen. Frauen machen sich gern mit schwarzen Sonnenbrillen interessant, Männer mit zudringlichen Gesten, mit denen sie aufeinander einreden. Wer allein hier sitzt, hat meist ein dickes Notizbuch jenes Typs vor sich aufgeschlagen, das man praktischerweise gleich um die Ecke in der Rue Saint-Benoît in einer Schreibwarenhandlung zu einem sündhaft teuren Preis in verschiedenen Formaten erwerben kann. Das Buch ist schwarz eingeschlagen und läßt sich mit einem ebenfalls schwarzen Gummiband verschließen. Daß man mit ihm die richtige Wahl getroffen hat, verrät der Beipackzettel, auf dem steht, daß es sich dabei um den »Carnet légendaire« handele, dessen sich schon Van Gogh und Matisse, Hemingway und Bruce Chatwin bedient hätten, um Skizzen und Einfälle zu notieren. Solche Vorbilder verpflichten, und wer vermag schon zu sagen, wie viele im *Café de Flore* den Entschluß faßten, Künstler oder Schriftsteller zu werden.

Natürlich gehen nicht alle deswegen ins *Flore*, um hier die Blicke mit einer Berühmtheit zu kreuzen, denn es ist nach wie vor eines der besten Cafés in Paris, eigentlich das einzige in ganz Frankreich, das diesen Namen, eingedenk seiner sowieso unerreichbaren Wiener Vorbilder, verdient. Und wie in diesen, so gelten auch hier einige ungeschriebene Regeln, die man beherzigen sollte oder auch nicht.

Wer auf der Terrasse des *Flore*, also in jenem dem Boulevard zugewandten Glasbau, Platz nimmt, gibt sich unweigerlich als

Tourist zu erkennen, will sehen und vor allem gesehen werden. Hier sitzen vorzugsweise Japanerinnen und führen ihre neuerworbenen Gucci- oder Vuitton-Handtaschen vor, schrill gekleidete Amerikanerinnen oder Damen rätselhaften Alters und Schicksals sowie einzelne Herren, häufig von der Würde des Scheiterns gezeichnet, die auf das Erscheinen der guten Fee zu lauern scheinen. Die Terrasse gilt es also zu meiden, zumal hier meist drangvolle Enge herrscht, man Ohrenzeuge wenigstens dreier Gespräche in ebensoviel Sprachen wird. Im sich anschließenden großen Raum im Erdgeschoß ist man gut beraten, auf jeden Fall einen der Tische an den Wänden entlang zu ergattern. Am besten einen in der hinteren rechten Ecke, von der aus man das ganze Geschehen im Raum bequem überblicken kann, ohne sich dabei auffällig den Hals verrenken zu müssen. Die in der Mitte des Raums stehenden Tische muß man hingegen nach Möglichkeit meiden, denn hier läuft man Gefahr mit denen in Kontakt zu geraten, die auf der Terrasse keinen Platz gefunden haben.

Der *Habitué* jedoch, also einer, der hier als Stammgast gelten will, wird beim Betreten des Innenraums nur kurz innehalten, seinen Blick schweifen lassen, ob er ein bekanntes Gesicht erspäht, um sich dann sogleich entschlossen nach links zu wenden und die Treppe zum ersten Stock zu erklimmen. Dort oben ist das eigentliche Sanktuarium des *Flore*, jener Raum, in dem die Manen von Sartre und der Beauvoir präsent sind, die, stets an getrennten Tischen sitzend, ihre Tage hier zubrachten, schrieben, lasen, Besucher empfingen, kurz ihren Salon hatten.

Sartre hat beschrieben, wie er und die Beauvoir sich dort einrichteten. Von neun Uhr morgens bis zum Mittag wurde im *Flore* gearbeitet, dann gingen sie essen, um gegen zwei Uhr wieder zurückzukehren und sich mit Freunden, mit denen sie hier zusammentrafen, bis gegen acht Uhr zu unterhalten. Nach dem Abendessen empfingen sie Leute, mit denen sie sich verabredet hatten. »Das alles mag sich sehr seltsam anhören, aber wir waren im *Flore* gewissermaßen bei uns zu Hause.«

Vor allem diesem seltsamen Paar, das seit 1942 in dem Caféhaus hof hielt, verdankt das *Flore* seinen hartnäckigen Ruf, Treffpunkt der Pariser Intellektuellen und Börse des literarischen Klatschs zu sein. Das ist nicht ohne gewisse Ironie, denn seit seinen Anfängen in den achtziger Jahren des 19. Jahrhunderts stand das *Flore* im Verruf, Clublokal der rechtsradikalen und monarchistischen *Action française* zu sein.

Das dem *Flore* unmittelbar benachbarte *Café des Deux-Magots*, dessen Name sich von den Plastiken zweier Chinesen ableitet, die mit einem jungen Mädchen schäkern, erlebte seine Blüte nach dem Ersten Weltkrieg, als es den um André Breton gescharten Surrealisten als Treffpunkt diente. Im »Le Paysan de Paris«, der 1926 erschien, schreibt Louis Aragon: »Es war eben hier, daß der Surrealismus in sein Recht eintrat. Man bekam ein Tintenfaß, das mit einem Champagnerkorken verschlossen war, und dann ging es los. Bilder, segelt herab wie Konfettis: Bilder, Bilder, überall Bilder.«

In den dreißiger Jahren stießen die in Frankreich im Exil lebenden Deutschen hinzu, Alfred Döblin, Ernst Toller, Robert Musil, Max Brod, Bertolt Brecht, Anna Seghers und Stefan Zweig. Schwer zu sagen, wie viele gerade dieser Gäste dem *Deux-Magots* von der Legende zugeschrieben werden, denn es galt bereits in den dreißiger Jahren als das mit Abstand teuerste Etablissement seiner Art in Paris.

Léon-Paul Fargue hat im »Piéton de Paris« das damalige Publikum beschrieben: »Das *Café des Deux-Magots*, das die Eingeweihten nur *des deux mégots*, der zwei Zigarettenkippen, nennen (...), ist ein allzuviel Anspruch machendes und übertrieben vornehmes Café, in dem jeder Besucher seinem Nachbarn als Schriftsteller gilt, in dem fast reiche Amerikanerinnen, die beinahe auch hübsch sind, aber nicht allzu elegant gekleidet und meist angeheitert sind, sich sichtlich gelangweilt vor den letzten Surrealisten räkeln, deren Namen zwar über den

Ozean, aber nicht bis auf die andere Seite des Boulevard gedrungen sein mögen. Wegen seiner großen Terrasse, die so angenehm ist während der steigenden Flut des Morgens oder eines lange verdämmernden Sommerabends, wie auch wegen seiner gesalzenen Preise, den höchsten in Paris, steht das *Café des Deux-Magots* vor allem bei Snobs hoch im Kurs, die davon überzeugt sind, daß ein Dubonnet für hundert *sous* keineswegs eine übertriebene Ausgabe ist für jemanden, der dabei sein will, wenn moderne Schriftsteller ihren Apéritif nehmen.«

Diese Publikumsbeschreibung ist in dem Sinne klassisch, als sie auch heute noch Gültigkeit hat, denn im *Deux-Magots* verkehren vor allem Müßiggänger, die als betuchte Flaneure gelten wollen, mischen sich Touristen mit Immobilienhändlern, ist es bei all jenen ein beliebter Wallfahrtsort, die es sich leisten können, mitten in Paris einen ganzen Nachmittag in der Sonne sitzend zu vertrödeln.

Bilden das *Flore* und das *Deux-Magots* die Basis des magischen Dreiecks von Saint-Germain, so ist dessen Spitze die auf der anderen Seite des Boulevards beiden gegenüberliegende *Brasserie Lipp*. Die Brasserie hat ihre eigene Geschichte. Gegründet wurde sie von einem elsässischen Juden namens Léonard Lippmann, der nach dem Deutsch-Französischen Krieg von 1870/71 und der Annexion seiner Heimat nach Paris flüchtete. Ursprünglich führte sie die Firma *Brasserie des Bords du Rhin*, ein Name, den ein neuer Besitzer zu Beginn der zwanziger Jahre in *Lipp* abänderte.

Marcel Proust, der nie sein Zimmer im *Ritz* verließ, um selbst zu *Lipp* zu gehen, schickte stets seine Haushälterin Céleste Albaret, ihm hier Bier zu holen. Alfred Jarry hingegen war im *Lipp* häufiger zu Gast, wo er sein Menü stets in umgekehrter Reihenfolge zu sich nahm: Er begann mit dem Dessert und endete mit den Vorspeisen.

Bis in die siebziger und achtziger Jahre war *Lipp* ein sehr exklusiver Ort, in den nur gelangte, wer die diskrete Kontrolle seines Besitzers, Roger Cazes, überstand. Die Stammgäste des *Lipp*, vor allem Abgeordnete der Nationalversammlung, Politiker oder hohe Ministerialbeamte, werden solche Diskretion geschätzt haben, denn hier konnte man, wie ein häufiger Gast aus dieser Glanzzeit berichtet, »bei einem halben Glas Bier eine wahrheitsgemäße und vollständige Zusammenfassung des politischen Tagesgeschäfts erfahren«.

Tempi passati. Heute ist *Lipp* eine Brasserie wie viele andere, mit einer einfallslosen Küche zu empfindlichen Preisen. Vom einstigen Nimbus zeugt nur noch die Innendekoration und der Hinweis auf der gedruckten Speisekarte, daß es sich beim »Hareng Bismarck« um eine *spécialité de la maison* handele, ein alter Witz, den heute keiner mehr versteht, der nicht um die Geschichte des Bierhauses weiß.

Ein weiterer Wallfahrtsort im magischen Dreieck von Saint-Germain-des-Prés ist die dem *Café des Deux-Magots* unmittelbar benachbarte Buchhandlung *La Hune*, die unter der Woche bis Mitternacht geöffnet hat, weshalb Snobs, an denen hier nie Mangel herrscht, gerne behaupten, sie kauften sich einen Essay nie vor 23 Uhr, um ihre intime Kennerschaft der Szene unter Beweis zu stellen. Weltweit berüchtigt ist *La Hune* wegen seiner unfreundlichen Bedienungen, auf die man hier aber um so mehr angewiesen ist, wird das Bücherangebot doch in einem drangvoll engen Durcheinander präsentiert, das kein Kunde zu durchschauen vermag.

Rettung vor solchem Ungemach bietet die Buchhandlung mit dem poetischen Namen *L'Ecume des Pages*, die unmittelbar neben dem *Flore* liegt, wesentlich geräumiger und übersichtlicher ist, freundliches Personal hat und ebenso großzügige Öffnungszeiten.

Diese fünf Institutionen, von denen drei nur noch Schatten ihrer selbst sind und die auf engstem Raum zusammenstehen, haben die ganze Erinnerungslast zu tragen, die sich mit dem Namen Saint-Germain-des-Prés verbindet. Ringsumher jedoch ist alles anders geworden, herrscht die uniforme Internationalität teurer Markennamen wie Cartier, Armani, Vuitton oder Dior, jener ordinäre Luxus, der mit dem falschen Anspruch hausiert, daß Geschmack vor allem eine Frage des Geldes sei. Sich gegen solche Banalisierung zur Wehr zu setzen, wie dies ein Verein tut, ist zwar rührend, aber zur Erfolglosigkeit verdammt. Die Kräfte, die diesen Wandel zum Teuren und Schlechten vorantreiben, sind allemal stärker, und ihr schamloses Schmarotzertum, das den intellektuellen Nimbus von Saint-Germain-des-Prés ausbeutet für den kostspieligen Tand und hypermodischen Schnickschnack, den sie feilbieten, wirkt sich bedauerlicherweise nicht nachteilig auf die Umsätze aus.

In gewisser Weise ist diese Entwicklung nur konsequent, denn das Viertel wurde berühmt als Jahrmarkt der Eitelkeiten, weshalb es nur ein Zug der Zeit ist, daß sich deren Charakter vom intellektuellen Anspruch zum »le *must* de Cartier« verändert hat. Eine Institution hat daraus sogar stillen Gewinn zu schlagen vermocht, der ihr das schiere Überleben sicherte: Der Juwelier Arthus-Bertrand, dessen Geschäft unmittelbar neben dem *Deux-Magots* an der Place Saint-Germain-des-Prés gelegen ist und der sich seine einst üppig bemessene Ladenfläche mit einer Niederlassung von Louis Vuitton teilt. Der Goldschmied gehört deshalb zum intellektuellen Traditionsbestand des Viertels, weil nur er die Zierdegen anfertigt, die zur goldbestickten Galauniform der vierzig Mitglieder der *Académie française* getragen werden. Als weitere Spezialität ziseliert er die Luxusausführungen jener Orden, die auf diesen Uniformen funkeln.

Ältere Liebhaber des Saint-Germain von einst werden sich noch an die laute Empörung erinnern, als die Buchhandlung *Le Divan*, seit 1921 an der Ecke der Rue Bonaparte / Rue del'Abbaye, einer Filiale des Modehauses Dior weichen mußte. Das war ein geradezu emblematischer Vorgang, der zur Gründung jenes Vereins für die Bewahrung des alten, vertrauten Saint-Germain den Anstoß gab. Aber, Hand aufs Herz, wer hat je diese Buchhandlung betreten, deren Auslagen immer den sterilen Reiz einer Schraubengroßhandlung verströmten und deren Besitzer eine rätselhafte Vorliebe für Bücher armer, verkannter Poeten und Philosophen hatte, die seither selbst im Antiquariatshandel untergegangen sind, jener letzten Station am diesseitigen Ufer der Lethe, an dem die Seelen der Abgeschiedenen noch eine letzte Frist haben, ehe sie ins jenseitige Schattenreich verschifft werden, wo sie der revisionslosen Erinnerungslosigkeit anheimfallen.

Was neben dem bunten Einerlei der Modeboutiquen, den vor allem um die Place Fürstenberg konzentrierten Stoffgeschäften mit ihrem verführerischen Angebot, das man aber nicht kaufen und mitnehmen, sondern wo man nur auswählen darf – geliefert wird dann an den Polsterer oder Tapisseur, der die Arbeiten im Kundenauftrag ausführt –, Saint-Germain-des-Prés heute sein Gepränge gibt, sind zwei Zuckerbäcker, zwei *Patisseurs*, die in der Rue Bonaparte in gemessenem Abstand voneinander situiert sind: Der eine, Pierre Hermé, verkauft sein Naschwerk an der Ecke zur Rue du Vieux-Colombier an der Place Saint-Sulpice. Der andere, Ladurée, hat sich in einem vormaligen Antiquitätengeschäft an der Ecke zur Rue Jacob eingerichtet.

Beide wetteifern darin, ihre Kunden mit süßen Nichtigkeiten zu verführen, für die das Französische mit einer Fülle von Gattungsbezeichnungen aufwartet, deren bloße Nennung jeden Widerstand zum Schmelzen bringt: *Gourmandises, Petits Gâteaux & Tartes, Chocolats, Gâteaux de Voyage, Viennoiseries, Desserts, Petits-Fours, Confiseries, Entremets, Macarons.* Diese Köstlichkeiten fächern sich auf zu einer wahren Milchstraße von Varianten, die beispielsweise bei Pierre Hermé einen *Catalogue raisonné* im Umfang von 18 Seiten füllen, bei dessen Lektüre man aus dem Staunen nicht mehr herauskommt. Das ist, möchte man vermuten, die wahre Philosophie, der Existentialismus pur, dessen Verständnis einem sich zwischen Zunge und Gaumensegel wie ganz von selbst erschließt. Wer zögerte noch, sich zwischen Jean-Paul Sartres »L'Etre et le

Néant« und Pierre Hermés nicht minder rätselhaftem »Montblanc à ma façon« zu entscheiden?

Wenn Zuckerbäcker der höchsten Ansprüche als die jüngste Signatur des Pariser Intellektuellen- und Literatenviertels gelten können, heißt das nicht, daß diese unterdessen gänzlich daraus verschwunden seien. Nein, auch sie gibt es noch in einigen und viel bestaunten Exemplaren, auch wenn sie nicht mehr unbedingt im Quartier wohnen, das zu den teuersten von Paris zählt. Eine Ausnahme davon macht die Ausnahme schlechthin, der große Zampano der Menschenrechte, der intellektuelle Schaumschläger und Liebling aller Medien, den man in ganz Frankreich nur mit seinen Initialen nennt: BHL, Bernard-Henri Lévy. Der Mann ist längst eine wandelnde Ikone und als solche in Frankreich wie im Rest der Welt bekannter als jenes vollbusige Weib, mit dem der Maler Delacroix die Freiheit versinnbildlichte, das mit entblößter Brust, die Trikolore in der Hand, über eine Barrikade schreitet. Mit dieser mythischen Erscheinung hat BHL zweierlei gemeinsam: seine ausgeprägt narzißtische Allüre wie das weiße, fast bis zum Bauchnabel aufgeknöpfte und dem Vernehmen nach maßgeschneiderte Seidenhemd, das er unter einem dunklen, ebenfalls nach Maß gefertigten Anzug trägt. Damit erzielt er um so mehr Wirkung, als dieser Aufzug seine stets gebräunte Heldenbrust wirkungsvoll zur Geltung bringt, was im übrigen keineswegs gleichgültig ist, denn im Fernsehzeitalter ist der Auftritt die Botschaft. Deshalb ist weder sein Narzißmus noch jenes weiße Hemd eine clowneske Marotte, sondern ein Markenzeichen, das seine Bewunderer von »seiner delikaten und fast zerbrechlichen Erscheinung« raunen läßt, davon, »daß seine Brust tief gebräunt ist, während sein Antlitz jene künstlerische Blässe zeigt, die an den Teint einer Madonna, die geradewegs aus einem Bild des Quattrocento herausgetreten ist, erinnert«. Der Mann, so ahnen wir jetzt, ist unwiderstehlich, eine Art französischer Antwort, *avant la lettre*, auf George Clooney.

Bernard-Henri Lévy bewohnt, wie nicht nur die Leser des stets bestens informierten Klatschblatts »Paris Match« wissen, eine rund 500 Quadratmeter große Wohnung am Boulevard Saint-Germain. Im Sommer 1993 heiratete der mittlerweile Mitfünfziger BHL, so unsere Quelle, im südfranzösischen Saint-Paul-de-Vence die Filmschauspielerin Arielle Dombasle. Die Hochzeit, über die »Paris Match« seinerzeit exklusiv auf mehreren Farbseiten berichtete, wurde mit 163 geladenen Gästen, von denen die meisten zur Crème des Pariser Showbiz zählen, im zur Sommerzeit stets auf Wochen und Monate im voraus ausgebuchten Hotel und Restaurant »La Colombe d'Or« in Saint-Paul gefeiert, in dem das strahlende Paar seither über eine ganzjährig gemietete Suite verfügt. Damit der Bräutigam diesen Termin während seines damals besonders gefährlichen Engagements nicht versäumte, ließ ihn Staatspräsident François Mitterrand auf Kosten des französischen Steuerzahlers in einem Flugzeug der Regierung aus Sarajevo, wo BHL damals wiederholt weilte, nach Nizza ausfliegen. Welch ein Auftritt! Der Held, den Gefahren unbeschädigt entronnen, erscheint noch rechtzeitig zu seiner Hochzeit, wo seine schöne blonde Frau ihm in jener Suite in der »Colombe d'Or«, in der einst Simone Signoret und Yves Montand ihrer Liebe lebten und auf der BHL für diesen Tag ausdrücklich bestand, überglücklich an die Brust sinkt.

In all dem verrät sich das Talent eines begnadeten Selbstdarstellers, eines ausgebufften Show-Stars, eines begnadeten Filmschauspielers. Das alles ist BHL zwar auch, aber in erster Linie und das heißt ausschließlich ist er Philosoph, der Wortbedeutung nach also ein »Wahrheitsfreund«. Schlägt man in der sechsten Auflage von »Meyers großes Konversations-Lexikon« von 1908 unter »Philosoph« nach, wird man auf den Eintrag »Philosophie« verwiesen, der mit den Sätzen anhebt: »Das Wort hat so viele Auslegungen erfahren, daß es schwerfällt, für alles, was unter diesem Namen auftritt, gemeinsame Züge aufzufinden und so eine Definition zu geben. Es gibt beinahe so viele Definitionen, wie es selbständige Philosophen überhaupt gegeben hat. Im allgemeinen läßt sich sagen, daß damit die Frucht des durch reine Liebe zur Sache angeregten, bis zu den äußersten Grenzen des Erreichbaren fortgesetzten Nachdenkens über die wichtigsten, das Sein, den Ursprung, Zweck und Wert der Dinge betreffenden Probleme sowie des durch reine Liebe zum Guten belebten und in allen wie immer gearteten Lagen des Lebens festgehaltenen sittlichen Wollens verstanden wurde, daher man die Philosophen vorzugsweise Denker und Weise nannte.«

Nach all dem lebt, strebt und handelt BHL, seinen eigenen zahlreichen Äußerungen über sich selbst nach zu urteilen, unablässig, unbeirrbar und mit einem Erfolg, der ihn geradezu als Götterliebling erscheinen läßt. Das ist so abwegig nicht, denn diese sind heute längst zum Publikum geworden, das ihm, erstaunlich genug, alle Peinlichkeiten und offensichtlichen Fehler nachsieht, die ihm bei seiner so offenkundig selbstbezüglichen Liebe beim Ergründen des Guten, Wahren und Schönen immer wieder unterlaufen. Deren Liste ist lang, sehr lang sogar. Allzuoft auch war die Beweisführung, auf die er seine lautstarke Empörung stützte, zu schlampig, allzu lange auch schon glaubt er, alles tun und sagen zu können, alles und damit auch dessen Gegenteil. In einem anderen Land hätte ein Bruchteil von all dem bereits ausgereicht, eine Reputation zu vernichten, einen Stern verlöschen zu lassen. Nicht so in Frankreich, wo diese Irrungen und Wirrungen, die Tollheiten und Übertreibungen, Lügen und Angebereien zwar alle bekannt sind, aber weder dem Ruhm und Ruf von BHL abträglich sind noch gar seinen Anspruch auf moralische oder intellektuelle Integrität und Autorität der Lächerlichkeit überantworten. Das macht Staunen und läßt nachdenken über ein Land, das sich selbst als »kulturelle Ausnahme« versteht, wofür das Phänomen BHL eine erhellende Illustration liefert.

Fast will sich der Eindruck aufdrängen, als stünden die Veränderungen in Saint-Germain-des-Prés, die den einst hier vorherrschenden Geist durch Konsum ersetzten, in innerem Zusammenhang mit dem Niedergang der sehr französischen Spezies des Intellektuellen, die seit dem 18. Jahrhundert, seit den Tagen der Aufklärung, die Szene des Landes beherrschte. Sie trug ganz wesentlich dazu bei, der Welt ein ganz besonderes Bild von Frankreich zu geben: das eines aufklärerischen Messianismus. Gleich zu Beginn des dritten Buchs seines Werks L'Ancien Régime et la Révolution hat Alexis de Tocqueville die Voraussetzungen beschrieben, unter denen die französischen »Philosophen«, wie die freischwebenden Intellektuellen einst genannt wurden, ihren Einfluß entfalten konnten: »Im Unterschied zu England waren sie nie mit irgendwelchen Geschäften befaßt; ganz im Gegenteil, denn niemals lebten sie in größerer Distanz zu diesen. Sie waren ohne alle Bedeutung oder Verantwortung und genügten auch keinerlei öffentlicher Funktion und das in einer Gesellschaft, in der es von Funktionsträgern geradezu wimmelte. Dennoch verharrten sie nicht wie die meisten von ihresgleichen in Deutschland gegenüber der Politik auf großen Abstand und lebten zurückgezogen in der reinen Philosophie und Literatur. Statt dessen befaßten sie sich ohne Unterlaß mit Fragestellungen, die allein für die Regierung von Belang waren. Tatsächlich war das ihre eigentliche Beschäftigung.«

Ihre gleichermaßen große Praxis- und Lebensferne, so Tocqueville weiter, gab dann den Ausschlag für den blinden Radikalismus, der ihr politisches Denken kennzeichnete und sie zu einer Gegenmacht werden ließ, die ihnen gläubige Gefolgschaft der Massen verschaffte. Der Ausbruch der Revolution beschleunigte diesen Prozeß insofern, als die Intellektuellen mit ihren Anschauungen die Richtung zu weisen suchten. Es war die Geburtsstunde der Ideologien, jener Konstruktionen politischen Denkens, die sich ohne Bezug zur Macht oder zur lebendigen Wirklichkeit die Welt nach dem Ebenbild ihrer Systeme schaffen wollten. In seinem 1927 erschienen, epochemachenden Buch »La Trahison des Clercs« (»Der Verrat der

Intellektuellen«) hat Julien Benda die Weltfremdheit dieses Denkens kritisiert, das sich ganz in den Dienst ideologisch festgelegter politischer Leidenschaften stellt, das Abstraktionen entwickelt, die nicht der historischen Erfahrung abgewonnen wurden, sondern sich vielmehr einem idealen Bild vom Menschen verdanken, das dem weiteren Gang der Geschichte übergestülpt wird.

Nach dem Totalbankrott des Faschismus erfüllte diese Voraussetzung nur noch der Marxismus, zu dem sich eine überwältigende Mehrheit der französischen Intellektuellen nach dem Zweiten Weltkrieg einfach deshalb bekannte, weil dieser es gestattete, einerseits die in der Wirklichkeit lebendigen Kräfte zu ignorieren, und andererseits die liebgewordene messianische Rolle garantierte, weiterhin für und mit der Geschichte zu sprechen. Das mündete in einen gewissen Autismus, der sich einen Kosmos eigener Werte schuf, die ihn gegenüber der Außenwelt dann sehr wirksam abschottete, wenn Gefahr für die Beschädigung seiner Gewißheiten drohte.

Zwei Beispiele aus der jüngsten Zeit illustrieren dies vortrefflich. Einmal die sogenannte »Affäre Battisti«, der lautstarke Protest zahlreicher französischer Intellektueller im Sommer 2004 gegen die Auslieferung eines in Italien wegen mehrerer, angeblich politisch motivierter Morde in Abwesenheit verurteilten Straftäters. Die Opfer waren u. a. ein Juwelier und ein Metzger, also wahrlich keine Repräsentanten einer »repressiven«, geschweige »faschistischen« Staatsgewalt. Der Täter hatte sich nach Frankreich geflüchtet, wo er seitdem lebt.

Das andere Beispiel ist das larmoyante Buch, das der gescheiterte Unterrichtsminister Luc Ferry, ein Philosoph, im Januar 2005 vorlegte. Für das Ministeramt im Kabinett Raffarin hatte ihn vermutlich ein anderes seiner Bücher, »Antihumanistisches Denken«, empfohlen, in dem er die Achtundsechziger heftig angriff und insbesondere deren Leitfiguren Lacan, Derrida und Foucault sowie die bildungspolitischen Folgen dieser Revolutionsbewegung aufs Korn nahm. Jetzt wendet er seine Verve gegen all jene, die er für sein Scheitern mit der von ihm versuchten Reform des Schul- und Universitätswesens verantwortlich macht: die Beamten, die Schulen, die Universitäten, die Politik im allgemeinen und die Medien im besonderen, denen er zuvor großzügig Einblick in sein Privatleben gestattet hatte. Das über alle Maßen erfolgreiche Beispiel BHL ist offenkundig auch in dieser Hinsicht verführerisch.

Luc Ferrys Klagen und Vorwürfe – er versteigt sich sogar zu der einem fluchenden Propheten angemessenen Vermutung, daß die Bildungspolitik ohne ihn zum Scheitern verurteilt sei, wovon nur die radikale Rechte unter Le Pen profitieren könne – zeigen in schöner Vollständigkeit die Symptome jenes selbstverliebten Autismus, der die französische Intellektuellenszene im weitesten Sinne kennzeichnet. Wer weitere Belege dafür sucht, wird unweigerlich Woche für Woche auf den Literatur- und Kulturseiten der großen französischen Zeitungen und Magazine fündig werden, auf denen die Kritik von einem »Esprit de Corps« beherrscht wird, der alles und jeden über den grünen Klee lobt, sofern er nur dazugehört.

Als Philippe Sollers, einer der Wortführer der Kampagne für Cesare Battisti, im Herbst 2004 sein bislang letztes Buch, den »Dictionnaire amoureux de Venise«, die vermutlich 8567. Anthologie literarisch-poetischer Schilderungen der Lagunenstadt, veröffentlichte, überschlug sich die Kritik mit spaltenlangen Lobeshymnen, als handele es sich bei dieser Kompilation ohne viel Fleiß und Schweiß um ein literarisches Ereignis allererster Ordnung. Ein anderes Exemplar dieser flamboyanten Spezies einer medienvernetzten Intellektualität ist der frühere enge Mitarbeiter Mitterrands, Jacques Attali, Autor zahlloser Bücher, die von Flüchtigkeiten strotzen, was seinem Ruhm und Ruf in Frankreich keinerlei Abbruch tut. Auf die einflußreichen Freunde und die vielfältigen Beziehungen zu den Medien ist eben Verlaß, zumal dann, wenn man sich in dem Bewußtsein vereint weiß, daß nur diejenigen, die an diesem Kartell beteiligt sind, auch über Geist verfügen. So einfach, so wirksam ist das.

Da es nun einmal ist, wie es ist, bewahrt uns nichts mehr vor der Einsicht, daß die Szene, das intellektuelle Paris, mit einem Wort, Saint-Germain-des-Prés, längst ein Teil jener Welt geworden ist, von der man sich hier so weit entfernt wie nirgendwo sonst wähnt: der Provinz. Aber, eben dieses stolze Bewußtsein, nicht Provinz zu sein, von dem Paris im allgemeinen und Saint-Germain im besonderen durchdrungen ist, erweist sich als um so resistenter, als es seit dem 18. Jahrhundert zu einem oft und gern beschworenen literarischen Gemeinplatz gehärtet wurde.

Die Fallhöhe, die Paris und die Provinz einst wie Licht und Schatten, wie Gestern und Morgen voneinander schied und die in bis heute gebräuchlichen Redewendungen ihren Niederschlag fand – ein bekanntes Beispiel dafür bietet eine Zeile aus einem Theaterstück des späten 18. Jahrhundert, dem längst Flügel gewachsen sind: »Cela fera bruit dans Landerneau«, das wird in Landerneau, einer bretonischen Kleinstadt, für gehöriges Aufsehen sorgen –, ist weitgehend verschwunden. Aber nicht etwa deswegen, weil die Provinz spektakulär aufgeholt oder in vieler Hinsicht zur Kapitale aufgeschlossen hätte, sondern nur, weil das intellektuelle Paris in der zähen Behauptung seines selbstverliebten und jeder Kritik abholden Autismus sich selbst in seinem Verhältnis zur Welt provinzialisierte.

Das einschlägige Urteil darüber wurde schon vor über zwanzig Jahren von einer Instanz gefällt, deren Unabhängigkeit außer Zweifel steht. Der *Grand Larousse*, ein in Frankreich sehr geachtetes und gängiges Nachschlagewerk, führt in seiner Ausgabe von 1984 unter dem Stichwort »Landerneau« den Eintrag: »Mit Landerneau bezeichnet man ein engstirniges und nur mit sich selber beschäftigtes Milieu, das beständig von allerlei kleinlichen Streitereien heimgesucht wird: *le Landerneau de la littérature parisienne*.«

La Grandeur oder Der Mythos von der wahren und dauerhaften Größe

Wenn man sich in Deutschland öffentlich der eigenen Geschichte erinnert, geschieht dies zumeist als »Gedenken« und ist von feierlicher Folgenlosigkeit. Häufig wird auch eines Geschehens gedacht, von dem man wünschte, es sei nicht gewesen. Überdies ist alle Vergangenheit in Deutschland vor dem Epochenbruch von 1933, dem traumatischen Erfahrungsraum der zwölf Jahre nationalsozialistischer Mordraserei, Alte Geschichte, ein versunkener Kontinent.

Nicht so in Frankreich, wo es sogar zwei miteinander konkurrierende große Geschichtserzählungen gibt, die immer wieder beschworen werden und mit denen bei jeder sich bietenden Gelegenheit die nationale Identität koloriert wird. Die eine entwirft ein Bild von Frankreich als Gelobtes Land der Menschenrechte, der Revolution, der Freiheit und Gleichheit, von dem das Licht der Aufklärung bis in die fernsten und finstersten Winkel der Welt scheine. Das ist die Erzählung der Linken, der Kommunisten wie der Sozialisten. Die andere hingegen beschwört vorzugsweise die aus dem Dämmer einer tiefen Vergangenheit hervorleuchtenden Bilder eines religiösen oder mystischen Patriotismus, denen heilende Wirkung und zeitlose Bedeutung angesonnen wird, die einstehen für ein »ewiges«, in großen Zyklen immer wieder zu sich selbst findenden Frankreich. Das ist die Erzählung der Rechten, der Gaullisten zumal.

Beide Erzählungen schließen sich keineswegs aus, sondern ergänzen sich, stimmen miteinander überein in der Überzeugung von der Einzigartigkeit und Außergewöhnlichkeit des französischen Schicksals, darin, daß Frankreich dank seiner Geschichte gleichermaßen einmalig, universell und heilig sei. Diese Konvergenz ist erst vergleichsweise jungen Datums und vor allem die Leistung eines Mannes: Charles de Gaulle. Der verstand es wie kein anderer, die Erinnerung an die großen Gestalten der französischen Geschichte wachzurufen, indem er diese mit seinem Pathos inkarnierte, sie aller Widersprüchlichkeit, in der sie zueinander stehen, entkleidete, um sie als Zeugen seiner Vision von Frankreich zu benennen. Man kann deshalb geradezu feststellen, daß de Gaulles wahre und dauerhafte Größe die eines begnadeten Geschichtspolitikers war. Er verstand es, die unterschiedlichsten Epochen der französischen Geschichte, das christlich-mittelalterliche Frankreich, das absolutistische, das revolutionäre, das napoleonische wie das republikanische, zu einer nationalen Vision zusammenzufassen, in der alle Wesenszüge, das Militärische, das Politische, das Spirituelle wie das Literarische und Künstlerische sich zu einer Harmonie formten: la France.

Die Kunst, alle Widersprüche aufzuheben, indem man sie zu einer überwölbenden Harmonie verschmilzt, nennt man Synkretismus. In seiner anschaulichsten Ausformung gibt es einen solchen Synkretismus nur in Frankreich. Ständig wird er durch übers Jahr verteilte patriotische Feiertage, Gedenktage, Ausstellungen, symbolische Handlungen und ein ausgefeiltes Zeremoniell, das noch den nebensächlichsten Anlässen an den abgelegensten Schauplätzen Würde und Bedeutung gibt, beschworen und eingeübt.

Gänzlich unvorstellbar, daß etwa ein Bundespräsident oder ein Bundeskanzler aus Anlaß von Luthers Todestag oder zum Jahrestag des Westfälischen Friedens von 1648 oder gar dem der »Völkerschlacht« von Leipzig im Oktober 1813, ganz zu schweigen vom »Sedanstag«, dem 2. September, oder von einem der vier 9. November, die in der deutschen Geschichte des 20. Jahrhunderts im guten wie im bösen herausragen, Sätze wie diese öffentlich spräche: »Wo könnte ich es besser sagen, als hier und gelegentlich dieses Anlasses? Die nationale Einheit ist nicht gleichzusetzen mit Uniformität; sie ist vielmehr der Pluralismus und der Kampf der Ideen, aber sie ist auch das Empfinden, einer Gemeinschaft anzugehören, die durch die Geschichte geformt wurde.«

Also sprach der sozialistische Staatspräsident François Mitterrand im Mai 1982 bei den Feierlichkeiten anläßlich der Befreiung von Orléans durch Jeanne d'Arc im Jahr 1429. Die heilige Johanna ist eine Gestalt der französischen Geschichte, deren Erinnerung im heutigen Frankreich alljährlich am 8. Mai mit festlichen Aufzügen, Fahnen und Musik gefeiert wird. Auch wenn sich die extreme Rechte mit dem Kult des Bauernkindes aus dem burgundischen Domremy besonders hervortut – in Paris jedenfalls behaupten die Rechten seit Jahren hartnäckig das Monopol, am Denkmal der Jeanne d'Arc aufzuziehen –, wird dessen Andenken, allenfalls mit Ausnahme der extremen Linken in Frankreich, von allen virulenten politischen oder weltanschaulichen Strömungen gepflegt.

Die heilige Johanna kann insofern auch als die Heilige jenes spezifisch französischen Synkretismus gelten, in dem sich hier wie anderswo nationale Identität erfüllt. Daß diese in Frankreich von einer besonders eigenwilligen und höchst lebendigen Kraft ist, verdankt sich vor allem dem Umstand, daß der Synkretismus keineswegs die unterschiedlichen Sichtweisen der eigenen Vergangenheit zu unterdrücken sucht. Deren Argumente beeinflussen die Kontroversen, die über gegenwärtige und zukünftige Fragen geführt werden, der Synkretismus begreift diese als notwendige Fermente in dem Prozeß, ein verbindliches Bild der eigenen Geschichte zu entwerfen.

Frankreich ist also anders. Wie anders, zeigt sich an dem beispiellosen Unternehmen, die »Lieux de Mémoire«, die »Erinnerungsorte«, die insgesamt repräsentativ sind für das nationale Verständnis der eigenen Vergangenheit, kritisch zu katalogisieren. Das wissenschaftlich anspruchsvolle Unternehmen füllt sieben Bände, die zwischen 1984 und 1992 erschienen. Schon deren thematische Einteilung läßt aufmerken, denn lediglich ein Band befaßt sich mit »La République«, drei behandeln »La Nation« und weitere drei stellen »Les France« dar, also »Erinnerungsorte«, die für den die französische Geschichte kennzeichnenden Pluralismus einander widerstreitender Erinnerungen nicht zuletzt deshalb beispielhafte Bedeutung haben, weil sie noch immer für konkurrierende politische Anschauungen konstitutiv sind oder für deren Rechtfertigung in Anspruch genommen werden.

Derlei ist in Frankreich möglich, weil dort das kollektive Bewußtsein der Vergangenheit weit über die Lebenszeit der Väter oder Großväter hinausreicht. Deshalb setzt hier die historische Gegenwart, – was man in Frankreich »Histoire contemporaine«, Zeitgeschichte, nennt – bereits mit dem Stichjahr 1815, dem endgültigen Scheitern Napoleons bei Waterloo ein. Ihr geht die »Histoire moderne« voraus, die Neuzeit eben, deren Beginn die Entdeckung Amerikas durch Kolumbus markiert. Das Scharnier, das diese beiden Geschichtsräume nicht nur zusammenhält, sondern ihnen sozusagen auch Richtung gibt, ist die Französische Revolution von 1789. Diese bedeutet eine »Sattelzeit«, also eine Art Wasserscheide, von der aus die Geschichte Frankreichs nach hinten in die Vergangenheit wie nach vorne in eine offene Zukunft verläuft. Die Revolution kennzeichnet also Ende wie Anfang; sie bedeutet den Abschluß der Neuzeit so gut wie den Beginn der Gegenwart, deren Grenze sich nicht absehen läßt.

Solche Periodisierungen sind etwas Künstliches, nichts anderes als Sinngebungen, die sich immer wieder in Frage stellen lassen. Dennoch leuchtet ein, daß die Epoche des Ancien régime mit der Revolution ein jähes Ende fand, während gleichzeitig damit eine neue historische Zeit einsetzte. Wann jedoch endete die Revolution? Fallen deren Beginn und Ende im Jahr 1789 zusammen, als binnen kürzester Zeit alle grundsätzlichen Entscheidungen getroffen, das Ancien régime zu Grabe getragen wurde? Oder waren ihre Energien erst dann erschöpft, der Vulkan erloschen, als im Juli 1794 der Revolution mit der Hinrichtung Robespierres die jakobinische Radikalität abhanden kam? Oder fällt dieses Datum auf den 18. Brumaire, den 9. November 1799, als der Putsch Bonapartes die Regierung der »Königsmörder« hinwegfegte, die einem von seinen ärgsten Exzessen gereinigten Jakobinismus die Treue hielten, indem sie den Krieg gegen die europäischen Monarchien unbeirrt fortsetzten? Oder schließt die Revolution auch noch das napoleonische Abenteuer ein, das erst mit Waterloo am 18. Juni 1815 sein Ende fand?

Für jeden der genannten Schnittpunkte lassen sich gute Gründe anführen, mit dem einen oder anderen das Ende der Revolution zu identifizieren. Das hängt aber immer davon ab, mit welcher Interpretation man sich den revolutionären Handlungs- und Geschehenszusammenhang plausibel zu machen sucht. Erklärt man die revolutionäre »Sattelzeit« mit Blick auf ihre Vorgeschichte, fragt also danach, wann diese wirklich endete, dann wird es fast zur reinen Geschmacksfrage, für welches Datum man sich entscheidet.

Zu ganz anderen Ergebnissen wird kommen, wer nach der akuten Wirkungsdauer jener Konflikte fragt, die für die revolutionäre »Sattelzeit« charakteristisch sind, der also seinen Blick in die von ihr ausgehende vergangene Zukunft richtet. Wer so fragt, gerät unweigerlich in das Mahlwerk eines historischen Prozesses, der zwar immer wieder durch Etappen und

Einschnitte gekennzeichnet ist, der auf Dauer spürbar an Dynamik einbüßt, von dem sich aber gleichwohl nicht sagen läßt, er sei endgültig zum Stillstand gekommen. Mit anderen Worten: Die Revolution von 1789 liefert nicht nur ein Deutungsangebot für das Verständnis der »Histoire contemporaine«, sondern sie fällt mit dieser zusammen, will sagen, sie beherrscht und prägt die noch immer andauernde Zeitgeschichte Frankreichs. Ursächlich dafür ist die schnelle Entwicklung der kontroversen Würdigungen des unmittelbaren Revolutionsgeschehens zu Ideologien, die seither die miteinander konkurrierenden politischen Strömungen und Weltanschauungen von Marxismus, Liberalismus und Konservatismus kennzeichnen.

Die Plausibilität dieser Sicht erweist sich an der französischen Geschichte im 19. und 20. Jahrhundert, die sich zunächst als Geschichte der Auseinandersetzung zwischen Restauration und Revolution, dann zwischen der Rechten und der Linken darstellt, die mit der Julirevolution von 1830, der von 1848, dem Putsch Louis Napoleons 1851, dem Sturz Napoleons III. und der Proklamation der Republik 1870, der *Commune* von 1870/71 sowie der schweren, von den Monarchisten ausgelösten innenpolitischen Krise vom Mai 1877 ihre Eckdaten hat. Erst mit deren Überwindung, dem endgültigen Sieg der republikanischen Kräfte über die Monarchisten, gelang es allmählich, die Errungenschaften der Revolution und damit auch die Republik im ländlichen Frankreich durchzusetzen. Die vollständige Integration der Landbevölkerung in die republikanische Staatsnation, die sich auf die Prinzipien von 1789 berief, war erst dann vollzogen, als die auf Grundlage des allgemeinen Männerstimmrechts erzielten Wahlergebnisse deren mehrheitliche Unterstützung anzeigten.

Das sagt jedoch weder etwas über die Tiefe des Engagements aus noch darüber, wie stark die republikanischen Werte tatsächlich in der ländlichen und katholisch gesinnten Bevölkerung verwurzelt waren. Das reaktionäre Vichy-Regime, das nach der französischen Niederlage von 1940 im Schatten der deutschen Besatzung die politische Selbstbehauptung des Landes zu sichern suchte, stützte die Legitimation des von ihm repräsentierten »État français« beispielsweise auf vorrevolutionäre und damit vorpolitische Traditionsbestände, um daraus eine neue nationale Identität zu basteln. Bezeichnend dafür ist die Ersetzung der revolutionären Devise »Liberté, Egalité, Fraternité«, die an fast allen öffentlichen Gebäuden der Republik prangte, durch den neuen Slogan: »Travail, Famille, Patrie« (Arbeit, Familie, Vaterland). Daß man damit unter den vorherrschenden besonderen Bedingungen vergleichsweise erfolgreich war, das Vichy-Regime für die längste Zeit seiner vierjährigen Dauer von einer Mehrheit der Franzosen wenn nicht geradezu unterstützt, so doch aus Gleichgültigkeit toleriert wurde, ist ein Indiz dafür, wie wenig eingelebt die republikanischen Werte wirklich waren.

Das änderte sich erst grundlegend mit der militärischen und politischen Niederlage des Nationalsozialismus und dem Ende der deutschen Besetzung Frankreichs, mit dem sofortigen Zusammenbruch des Vichy-Regimes. Erst seitdem sah sich auch die französische Rechte im Interesse des eigenen Überlebens dazu gezwungen, die Republik wie die mit der Revolution von 1789 geschaffenen Tatsachen endgültig anzuerkennen und sich deren Grundprinzipien programmatisch anzuverwandeln. Das mutete der Rechten aber keineswegs zu, sich selbst preiszugeben, weil die Revolution per se einen Ereigniszusammenhang darstellte, den nur die Linke für sich programmatisch ausmünzen konnte. Es verlangte von ihr bloß, sich neu zu positionieren, d. h. lediglich die Aspekte der Revolution anzuerkennen, die mit ihrer Ideologie kompatibel waren.

Eine aufschlußreiche Illustration dafür liefert beispielsweise das Argument, mit dem Jean-Marie Le Pen, Chef des »Front National«, die offene Fremdenfeindlichkeit dieser rechtsradikalen Partei in seiner thematisch einschlägigen Programmschrift *Les Français d'abord* mit dem Satz rechtfertigte: »Die Bürger haben gleiche Rechte, aber nicht die Menschen.« Damit spielte er nur auf den von der Französischen Revolution so nicht vorhergesehenen und seither nicht aufgelösten Widerspruch an, der zwischen den von ihr verkündeten Menschen- und Bürgerrechten tatsächlich besteht, ein Widerspruch, auf den übrigens auch der Sozialist Michel Rocard mit den seinerzeit bei der Linken große Empörung auslösenden Worten hinwies: »Frankreich kann nicht alles Elend der Welt aufnehmen.«

Diese »Aussöhnung« wurde aber nicht nur deswegen unvermeidlich, weil mit dem Faschismus auch denkbare andere, radikale Gegenentwürfe zu 1789 politisch unrettbar diskreditiert waren; den Ausschlag dafür gab auch, daß die Kontroverse zwischen Rechten und Linken, zwischen Gaullisten und Kommunisten in Frankreich nicht mehr über die vergangene, sondern die zukünftige Revolution ausgetragen wurde. Das erleichterte es sehr, die Rechte mit der Idee der Republik auszusöhnen, während sich die kommunistische Linke mit einem blau-weiß-roten Patriotismus anzufreunden begann, womit sich schon vor dem fast völligen Verschwinden der Kommunisten als einer politischen Kraft andeutete, daß der mit der Revolution von 1789 begonnene Zyklus dem Ende zuging. Die Verlagerung des Konfliktfokus in die politische Zukunft wie der Konsens hinsichtlich der Revolution änderten zunächst nichts daran, daß die alten Gräben und Frontverläufe nach wie vor die aktuellen Auseinandersetzungen prägen und strukturieren.

Das kann auch nicht verwundern, denn bei politischen Kontroversen über grundsätzliche politische Richtungsentscheidungen geht es zumal in Frankreich immer auch um die Deutungshoheit der Geschichte. Die Interpretation dessen, woher man kommt, ist hier mehr als anderswo stets die entscheidende Voraussetzung dafür, um das zu rechtfertigen, was man Neues an die Stelle des Alten setzen will. Dieses Gebot liefert eine Erklärung für das, was Historiker die »französische Krankheit« nennen, deren Ursachen unmittelbar mit konkurrierenden Deutungen der eigenen Vergangenheit im allgemeinen und der Französischen Revolution im besonderen in Verbindung stehen.

Allein schon die fundamentale Unterscheidung in Linke und Rechte entstammt den zu Parteilagern geronnenen Konfliktlagen, die den Repräsentativversammlungen der Revolution eigentümlich waren, deren Streit sich nicht so sehr an einer Haltung für oder wider diese Revolution entzündete als vielmehr an unterschiedlichen Interpretationen der aus ihr zu ziehenden Lehren. Der Revisionismus-Streit, der in Frankreich zu Beginn des 20. Jahrhunderts die Linke in Kommunisten und Sozialisten spaltete, drehte sich bezeichnenderweise um den Anspruch, wer der alleinige und legitime Erbe von 1789 sei und wem also zukünftig die Aufgabe zufiele, die damals begonnene bürgerliche Revolution zu vollenden. Konsequenterweise stieß das Vichy-Regime deshalb mit einem der Themenschwerpunkte auf breitere Zustimmung: die Revolution und deren Erbe wieder ungeschehen zu machen.

Häufig jedoch werden die Ursachen der »französischen Krankheit« mit ihren Symptomen verwechselt, worin sich ein verzeihlicher perspektivischer Irrtum verrät, der sich durch die vergleichsweise große Instabilität des politischen Systems im Frankreich des 19. wie des 20. Jahrhunderts förmlich aufdrängt: Allein zwischen 1918, dem Ende des Ersten Weltkriegs, bis 1958, also binnen einer Generation, lebte Frankreich mit vier sehr unterschiedlichen Verfassungsordnungen. Diese reichten von der parlamentarischen Republik mit der mehr oder weniger gewichtigen Bleigarnitur eines Präsidenten, der, wie in der V. Republik, mit an einen Monarchen gemahnenden Machtattributen ausgestattet ist, bis hin zu einer autoritären Gerontokratie à la Vichy. Die dritte dieser Verfassungsordnungen, die der Nationalversammlung und den politischen Parteien eine Schlüsselrolle zugestand, die IV. Republik, die Frankreich durch den Kolonialkrieg in Indochina und Algerien sowie das Suez-Abenteuer von 1956 an den Rand des Ruins brachte, erlebte während ihres vierzehnjährigen Bestehens im Durchschnitt alle sechs Monate eine neue Regierung, und das, obwohl das Land seit Bestehen dieser Republik fast ununterbrochen Krieg führte!

Die konstitutionelle Tonleiter, die jenem viermaligen Wechsel der Verfassungsordnung binnen vierzig Jahren zu Grunde lag, kopierte nur mit geringfügigen Modifikationen – Monarchie und Kaisertum hatten endgültig ausgedient – jene, auf der auch dem Frankreich des 19. Jahrhunderts bereits die politische Musik gespielt worden war. Für die hatte ihrerseits schon der bunte Wirbel eines permanenten politischen und konstitutionellen Wechsels während der eigentlichen Revolutionsperiode die Partitur geliefert. Den Ausschlag für das Auftauchen und Verschwinden der jeweiligen Regime gab aber keineswegs, wie sich vermuten ließe, eine chronische Instabilität der französischen Gesellschaft, sondern stets die aus der erbitterten Konkurrenz um die Deutungshoheit der eigenen Geschichte resultierende Unfähigkeit des politischen Establishments, dem Land eine von einer breiten Mehrheit akzeptierte Parlaments- oder Präsidialherrschaft zu geben.

Die französische Gesellschaft war, sieht man von den »classes dangereuses«, dem »Lumpenproletariat« ab, das sich in Paris und anderen urbanen und industriellen Wachstumszentren ballte, infolge der großen Vermögensumwälzung, die mit der Revolution Hand in Hand ging, weitgehend still gestellt worden. Viele Bauern waren Eigentümer des von ihnen bewirtschafteten Grund und Bodens, was ihren Konservatismus förderte. Das war entscheidend, denn Frankreich war bis weit ins 20. Jahrhundert hinein ein ausgesprochen agrarisch geprägtes, vom Katholizismus überformtes Land, das sich deswegen und auch auf Grund seines geringen Bevölkerungszuwachses – eine französische Auswandererbewegung gab es bezeichnenderweise nicht – vorzüglich selbst ernähren konnte.

Diese Merkmale wurden durch den enormen Blutzoll, den Frankreich im Ersten Weltkrieg zahlen mußte, noch erheblich verstärkt. Welche Opfer dieser Krieg forderte, der in Frankreich als *la Grande Guerre*, als der »große Krieg« bezeichnet wird, läßt sich unschwer erahnen, wenn man in einem beliebigen Dorf die Namenslisten auf dem »Monument aux Morts«, den Denkmal für die Gefallenen, studiert. Viele Familien verloren damals zwei, manche sogar drei Söhne. Vor allem das ländliche Frankreich entrichtete diesen exorbitanten Blutzoll, während das städtische Proletariat in der Rüstungsindustrie gebraucht wurde. Anders verhielt es sich mit dem Bürgertum, dessen Söhne oft Offiziersränge bekleideten, von denen die meisten an der Front standen und entsprechend hohe Verluste hatten. Die Gefallenentafel in der Pariser Kirche von Saint-Germain-des-Prés ist dafür ein Dokument.

Den enormen Opfern des Krieges folgte eine neue Einwanderungswelle ausländischer Arbeitskräfte, besonders aus Italien und Polen, die bis zum Einbruch der Weltwirtschaftskrise zu Beginn der dreißiger Jahre anhielt. Das bewahrte Frankreich nicht nur vorm Abschied alter Gewohnheiten, sondern stärkte vielmehr die Kräfte sozialen Beharrens und der wirtschaftlichen Stagnation, die seit der Revolution das wichtigste Wesensmerkmal der »France profonde« waren, ebenso wie das damit verbundene konservativ-ländliche Bewußtsein breiter Bevölkerungsschichten.

Kurzfristig erwies sich dieser Stillstand für Frankreich jedoch als Segen, denn so entging das Land den ärgsten wirtschaftlichen, sozialen und politischen Folgen, die von der Weltwirtschaftskrise ausgingen und andere Staaten in eine schwere Krise stürzten. Um deren Auswirkungen zu begegnen, beschied man sich in Frankreich im wesentlichen damit, die zuvor ins Land geholten »Gastarbeiter« zur Ausreise zu nötigen, was dem aufschäumenden Ausländerhaß ein Ventil verschaffte und die Politik vom Druck, umfassende Reformen einzuleiten, befreite.

Auf mittlere Frist gesehen wirkte sich dieser ausgeprägt antimoderne Archaismus jedoch fatal aus, denn er begünstigte zum einen die Neigung, das aggressive Potential des deutschen Nationalsozialismus zu unterschätzen. Als die französische Politik die Gefahr, die sich hier zusammenbraute, zu erahnen begann, suchte man aus jäher Einsicht in die eigene Schwäche Zuflucht in einem Appeasement, das so weit ging, lieber die Bundesgenossen Polen und Tschechoslowakei zu verraten als Hitler die Stirne zu bieten. Die Wechsel, die man sich damit aus Rücksicht auf die Konservierung der eigenen Idylle ausstellte, gingen im Frühsommer 1940 zu Protest, als die Wehrmacht Frankreich in einem »Blitzkrieg« zur Kapitulation zwang.

Zum anderen war dieser antimoderne Archaismus die Ursache für den erbitterten Widerstand gegen die zaghaften Versuche der seit 1936 amtierenden Volksfrontregierung, die wirtschaftliche und politische Verfassung Frankreichs zu modernisieren. Das Ergebnis war eine chronische innenpolitische Krise, die Frankreich lähmte, seinen Selbstbehauptungswillen schwächte.

In vieler Hinsicht war das »Vichy-Regime«, das jetzt unter dem Diktat der deutschen Besatzung den »État français« etablierte, der positive Ausdruck dieses Widerstands, weil es sich ausdrücklich zu jenen antimodernen und reformfeindlichen Werthaltungen bekannte, denen eine Mehrheit der Wählerschaft instinktiv zuneigte. Das alles war keineswegs so neu, denn auch Vichy betonte Grundsätze, die seit langem zum Bestand der republikanischen Tradition in Frankreich gehörten. Das gilt namentlich für Schutz und Förderung, die das Regime für die Bereiche Arbeit, Familie, Eigentum und öffentliche Ordnung versprach, die bereits in der Verfassung der II. Republik von 1848 einen herausgehobenen Platz eingenommen hatten, die im übrigen ihrerseits schon die Bürger verpflichtete, »das Vaterland zu lieben«.

Von der III. Republik, die sich nach dem Debakel des Zweiten Kaiserreichs der Schaffung eines Staates auf wahrhaft nationaler Grundlage verschrieben hatte, übernahm man die Grundprinzipien, die der Historiker Jules Michelet damals so beschrieb: Es gelte, aus dem aus unterschiedlichen »ethnischen Gruppen« (!) zusammengesetzten französischen Volk eine wirkliche »Nation« zu formen; dazu müsse dieses nur zu einer politischen Gemeinschaft, der Republik eben, verschmolzen werden, deren Aufgabe es dann sei, die Einheit der Nation dadurch zu festigen, daß die Bürger mittels des von ihnen ausgeübten Wahlrechts unmittelbar aktiven Anteil an der Gestaltung des politischen Lebens nähmen.

Abgesehen von dieser Verpflichtung auf das demokratische Prinzip, wurde vom Vichy-Regime der gesamte nationalpädagogische Tugendkatalog der III. Republik übernommen. Gerade deshalb schien es zahlreichen Angehörigen der damaligen Funktionseliten eine »nationale Pflicht«, das Regime des allseits respektierten Marschalls Philippe Pétain, das zur Wiederaufrichtung des besiegten und gedemütigten Frankreich eine »Révolution nationale« verhieß, zu unterstützen. Dabei konnten sie sich auf die Fiktion berufen, daß dieses Regime, trotz seines unverhüllt undemokratischen Charakters, die Kontinuität der republikanischen Institutionen und Werte nahtlos fortsetzte.

Aber unbeschadet dessen und obwohl seine Ära nur vier Jahre dauerte, hat Vichy in der Erinnerung der Franzosen bis heute einen nachhaltigen Eindruck, heftige Reaktionen des Abscheus hinterlassen, sobald nur dessen Name genannt wird. Der IV. Republik, die erst nach mehr als ein Jahr andauernden Geburtswehen im Januar 1947 proklamiert wurde – ein erster Verfassungsentwurf fiel bei der Volksabstimmung am 5. Mai 1946 durch –, gelang es jedoch nicht, diesen Widerwillen gegen das Vorgängerregime für die eigene Legitimation und Stabilität auszunutzen. Solchen Erfolg verbuchte erst die V. Republik, die im September 1958 an deren Stelle trat, was aber nichts daran ändert, daß Vichy bis heute in Frankreich ein »sensibles Thema« ist, das sich allemal dazu eignet, Gegner der Republik zu delegitimieren oder politische Widersacher zu diskreditieren, indem man diesen eine »geistige Nähe« zu Vichy nachsagt.

Vichy ist und bleibt ein ungelöstes Problem, das sich zwar leugnen, aber weder aus dem Bewußtsein verbannen noch aus dem historischen Diskurs ausklammern läßt. Vichy gleicht dem Geist eines Erschlagenen, ist spätestens seit der Ära Mitterrand das Hamlet-Drama der V. Republik. In Frankreich steht Vichy ein für die Vergangenheit, die nicht vergehen will. Je erfolgreicher man damit zu sein scheint, Vichy zu exorzieren, durch Reformen, die sozialen Wandel bewirken, durch eine Erneuerung der Bürokratie, durch eine, wenngleich vor allem vom Prozeß der europäischen Integration erzwungene Liberalisierung der Wirtschaft Republik und Gesellschaft zu verändern, desto deutlicher treten die Schatten hervor, die dieses verachtete Regime noch immer auf die Gegenwart wirft.

Die Bastard-Republik Vichy, so wird mit wachsendem zeitlichem Abstand immer klarer, barg nicht nur zahlreiche Elemente, die seit je konstitutiv waren für den republikanischen Konsens, sondern enthielt auch viele Vorgaben, die vor allem von der V. Republik weitergeführt wurden, ohne daß man sich dieses vergifteten Erbes zunächst bewußt gewesen wäre. Das gilt insbesondere für das dirigistische Eingreifen des Staates in die Wirtschafts- und Unternehmenspolitik mit der Absicht, wichtige Schlüsselindustrien auch in Zeiten der Globalisierung unter nationaler, sprich französischer Kontrolle ihrer Kapitalmehrheiten zu halten. Das gilt für die umfassende bürokratische Steuerung und Kontrolle des gesamten gesellschaftlichen Lebens, aber auch für einen Bereich, bei dem man es am wenigsten vermuten möchte: die Kulturpolitik.

Im Namen des Patriotismus, den es auf seine Fahnen schrieb, betrieb das Vichy-Regime eine Politik des kulturellen

Interventionismus, der vordem beispiellos war und seither Schule gemacht hat. Seine hervorstechendsten Merkmale waren die Neugründung von Heimat- und Volkskunstmuseen sowie eine ausgefeilte Subvention von Theater und Kino, verknüpft mit einer entsprechenden Kontrolle. Das schuf manche Abhängigkeiten, die Künstler und Intellektuelle nach dem Krieg nicht mehr missen wollten und die unter der V. Republik in eine Kulturtechnokratie einmündeten, als deren Architekt der Kulturminister de Gaulles, André Malraux, fungierte. Ihm verdankt Frankreich die zahlreichen »Maisons de la Culture«, die überall in der Provinz ein bis heute zumeist hochsubventioniertes Schattendasein fristen; auf seine Initiative geht auch die Gründung der »Théâtres nationaux« wie der großen Sommerfestivals von Avignon und Aix-en-Provence zurück, deren Erfolg längst die Wirkung hat, daß es bald keine Stadt mehr gibt, die nicht ihr eigenes Festival hätte. Schließlich war es Malraux, der sich für den Ausbau des Louvre zum größten Museum der Welt, für die Gründung des »Centre Pompidou« einsetzte, der direkte staatliche Subventionen für das ansonsten gebührenfinanzierte Staatsfernsehen und die beispiellose Förderung der französischen Filmproduktion – von jeder verkauften Kinokarte geht ein bestimmter Prozentsatz an den französischen Filmfonds – durchsetzte.

Diese vielbewunderte, weil den Belangen der Kultur gegenüber so aufgeschlossene Politik droht unterdessen an ihrem Erfolg Schaden zu nehmen, denn zum einen wird mit ihr nicht Klasse, sondern Masse gefördert, und zum anderen hat sie einen Dschungel an informeller Kulturbürokratie wuchern lassen, die nicht müde wird, ständig neue Ansprüche zu formulieren, und gleichzeitig immer mehr damit beschäftigt ist, das von ihr in Gang gehaltene Mittelmaß als unverzichtbaren Erfolg zu propagieren. Wie sehr eine auf Freiheit und Unabhängigkeit verpflichtete Kunst und Kultur sich von den Wonnen der Unmündigkeit hat betören lassen, die ihr durch eine umfassende staatliche Daseinsfürsorge verschafft wird, aber gleichzeitig wie ein ungezogenes Kind darauf beharrt, noch mehr von den Süßigkeiten zu naschen, die seine Zähne zerstören, zeigte 2003 der Streik der »Intermittents«, der Hilfsarbeiter des Kulturbetriebs.

Wie ihren Vorgängerinnen wurde auch der Verfassung der V. Republik angesonnen, endlich die ungelöste Frage zu beantworten, welches die für Frankreich angemessene Staatsform sei. Dafür mußte sie zum einen die traditionellen Geltungsansprüche der Linken wie der Rechten befriedigen, andererseits aber auch eine institutionelle Elastizität aufweisen, um künftigen Herausforderungen gewachsen zu sein. Die wichtigste Garantie dafür boten die Statur und das politische Verständnis General de Gaulles, des ersten Präsidenten dieser Republik. Wie kein anderer repräsentierte er das andere, das bessere, das kompromißlos-republikanische Frankreich. Er hatte als einziger 1940 gegen den Waffenstillstand protestiert und sich sofort für die Fortsetzung des Kampfes gegen Nazideutschland eingesetzt, den er umgehend organisierte und inspirierte.

Was sich damals, als die Wehrmacht sich anschickte, ganz Europa zu erobern, wie eine Donquichotterie ausnahm, war vier Jahre später, im August 1944, die unverzichtbare Voraussetzung seines beispiellosen Triumphs. Vier Jahre hatte de Gaulle auf dieses Ziel hingearbeitet, vier Jahre lang erkannte er seine wichtigste Aufgabe darin, die Kontinuität und Integrität Frankreichs durch sein Beispiel unter Beweis zu stellen. Dem waren alle seine diplomatischen und militärischen Manöver untergeordnet, die wegen der vergleichsweise schwachen Kräfte, die »la France libre« der Kriegsanstrengung der Alliierten zur Verfügung stellen konnte, sowieso nur eine mehr symbolische Bedeutung hatten.

Diese materielle Unterlegenheit verstand de Gaulle jedoch in eine moralische Überzeugungskraft zu verwandeln, die es ihm erlaubte, in der Stunde der Befreiung Frankreichs die Schande, die beispiellose Erniedrigung des Landes angesichts der unbegreiflichen Niederlage von 1940, das daraus resultierende Trauma des nationalen Zusammenbruchs wie das Schuldbewußtsein wegen der Kollaboration auszulöschen. Damit gelang de Gaulle das Kunststück, einem Volk, das wie vermutlich jedes andere Volk in solcher Lage mehrheitlich aus Schlawinern und Verzagten, Gefangenen und Geknechteten, Opportunisten und Kollaborateuren denn aus Helden bestand, das Beispiel seines eigenen, unbezweifelbaren Heroismus derart einzustiften, daß dieses zu der tiefen Überzeugung fand, sich selbst und fast ganz aus eigenen Stücken befreit zu haben, durch einen kein Selbstopfer scheuenden Kampf draußen wie drinnen.

Das ist der Kern jenes Evangeliums, das de Gaulle seinen Landsleuten in der berühmten Rede predigte, die er einen Tag nach der Befreiung von Paris, am 26. August 1944, im Rathaus hielt: »Paris! Das beleidigte Paris! Das zerbrochene Paris! Das Paris, das ein Martyrium erlitt! Aber, Paris ist frei! Es hat sich selbst befreit, befreit durch sein Volk, dem die Armeen Frankreichs zu Hilfe eilten, mit der Hilfe und der Unterstützung von ganz Frankreich, von Frankreich, das kämpft, von dem einzigen Frankreich, dem wahren Frankreich, dem ewigen Frankreich ... Frankreich kehrt in Paris zu sich selbst zurück.«

Der unbezweifelbare Beweis dafür, daß es so geschah, lag darin, daß das unterlegene Frankreich als gleichberechtigter Partner mit am Tisch der alliierten Sieger saß, mit diesen auf Augenhöhe verkehrte. Gleichermaßen überzeugend wirkte die unvermeidliche Abrechnung mit den Kollaborateuren, die sich weitgehend auf jene beschränkte, die im Vichy-Regime eine allzu herausragende Stellung bekleidet hatten oder durch ihre Untaten besonders auffällig geworden waren.

Das waren die Verräter, eine verschwindend kleine Minderheit von Verführten und Verirrten, während die große Masse der Franzosen der Republik, dem wahren und ewigen Frankreich auch in den dunklen Jahren der Unterdrückung, der Entbehrung und des allgegenwärtigen Terrors unbedingte Treue gehalten hatte. Konsequenterweise leugnete de Gaulle deshalb die staatsrechtliche Existenz von Vichy und beharrte statt dessen auf der ungebrochenen republikanischen Legitimität, die er repräsentierte. Gegenüber Georges Bidault, der ihn an jenem 26. August 1944 dazu aufforderte, die Republik zu proklamieren, bemerkte er knapp: »Die Republik hat niemals zu bestehen aufgehört. Warum sollte ich sie also ausrufen?«

Damit war das Motiv vorgegeben, das neue republikanische Credo formuliert, an dessen Umsetzung die IV. Republik einfach deshalb scheiterte, scheitern mußte, weil sie der Aufgabe, die sich ihr damit stellte, aus vielen Gründen nicht gewachsen war. Diese unerledigte Herausforderung war das Haupterbe, das die V. Republik antrat. Dieses Versäumnis ein weiteres Mal in Stärke und Tugend umzuwandeln, konnte nur de Gaulle gelingen, der am 21. Dezember 1958 zum Präsidenten gewählt wurde, ein Amt, das er sich selbst ganz auf die Fähigkeiten seiner Person und seines politischen Wollens zuschnitt.

Zu den noch nicht verblaßten Erinnerungen an die im Zweiten Weltkrieg erlittene Schmach hatte sich unterdessen das Erlebnis gesellt, daß Frankreich seine einstige Bedeutung als europäische Großmacht entgegen der 1944 in der Stunde der Befreiung geweckten Illusionen verloren hatte. Diesen Trend umzukehren, Frankreich wieder das Selbstbewußtsein einer aus eigener Stärke und Herrlichkeit agierenden Großmacht zu verschaffen, ist bis heute das Geheimnis für den Erfolg und den weiter wachsenden Mythos General de Gaulles.

Die synkretistische Strategie, der sich de Gaulle dabei mit so immensem Erfolg verschrieb, ist zwar einfach und einleuchtend, aber nur vor dem Hintergrund der französischen Geschichte, genauer, nur auf der Folie des von den Schulen in der III. Republik zumal vermittelten nationalen Geschichtsbilds vorstellbar. Dies war die Klaviatur, die de Gaulle virtuos bediente, um die unbestreitbare Verringerung der französischen Machtstellung in Europa und der Welt durch seine Rhetorik der »Grandeur« zu überspielen, das nach wie vor lebendige Erlebnis der in der französischen Geschichte in dieser Dimension einmaligen, vernichtenden militärischen Niederlage von 1940 in einen Sieg umzudeuten. Dabei kam ihm sein ausgeprägter Sinn für historische Symbolik zustatten wie überhaupt sein Geschichtsbewußtsein, die sich beide auch dann bewährten, wenn es galt, sein bisweilen auf großen Widerspruch stoßendes politisches Handeln durchzusetzen.

Ein markantes Beispiel dafür ist die Aufgabe Algeriens, die mit den Verträgen von Evian vom 18. März 1962 besiegelt wurde, die den seit November 1954 andauernden Algerienkrieg beendeten. Unmittelbar davor geschah der erste französische Atombombenversuch in der Sahara am 13. Februar 1962. Frankreich trat damit in den exklusiven Club der Atommächte ein und unterstrich so seinen Anspruch auf eine Großmachtrolle aus eigener Kraft. Das verfehlte seine Wirkung nicht, denn am 8. April 1962 wurde die Algerienpolitik de Gaulles durch ein Referendum gebilligt.

Die in der »Grandeur« seiner Geschichte wie Gegenwart verwurzelte Unabhängigkeit Frankreichs, die de Gaulle immer wieder beschwor, verpflichtete die französische Politik auf einen bis heute folgenreichen Mystizismus: Um die tatsächlich eingeschränkte Handlungsautonomie Frankreichs, das sich wie ganz Westeuropa ohne den amerikanischen Atomschirm und die enge wirtschaftliche wie politische Einbindung in das atlantische System nicht behaupten konnte, vergessen zu machen, bediente de Gaulle den seit dem Ersten Weltkrieg populären Anti-Amerikanismus. Dieses Erbe ist für die französische Politik, gleichgültig ob sie von der Rechten oder der Linken formuliert wird, seither verbindlich. Mit seinem anderen großen und bis heute fortwirkenden Vermächtnis gelang es ihm, mit der wieder und wieder beschworenen Vorstellung eines »ewigen Frankreich«, dessen Traditionszusammenhänge de Gaulle mit seiner Person und seinem Werk repräsentierte, den Landsleuten die bittere Pille der dritten industriellen Revolution mit ihrem entfesselten kapitalistischen Rigorismus derart zu versüßen, daß sie ohne größeres Widerstreben geschluckt wurde.

Daß die Wirkung dieses Mystizismus de Gaulles Abgang von der politischen Bühne 1969 überdauerte, liefert jedoch keineswegs den Beweis dafür, es habe sich dabei um mehr oder anderes als erfolgreiche geschichtsdemagogische Rhetorik gehandelt. Dessen anhaltende Wirkung war vielmehr eine Nebenfolge der »Trente Glorieuses«, der langanhaltenden Phase wirtschaftlichen Wachstums und umfassender industrieller Modernisierung, die Frankreich erlebte, beginnend mit der Ära Pompidou, der de Gaulle seit 1958 als Premierminister diente. Diese lange Phase ungetrübter Hochkonjunktur gab Frankreich die Chance, das Unvereinbare miteinander zum vermeintlich gegenseitigen Nutzen und Vorteil zu vermitteln, den traditionellen staatlichen Dirigismus mit wirtschaftsliberalen Grundsätzen, Korporatismus mit Individualismus, Konkurrenz mit Solidarität.

Kurz, es war eine Phase, in der die Politik über die Mittel zu verfügen schien, es allen recht machen, alle Wünsche, Interessen und Forderungen befriedigen zu können. Daran erinnert man sich heute wie an einen verlorenen Schatz, um deshalb um so unnachsichtiger jene Besitzstände zu verteidigen, die damals als soziale Errungenschaften verbrieft wurden. Darüber wachen nicht nur die mächtigen Gewerkschaften, sondern auch ein öffentlicher Dienst, der nirgendwo sonst personell so aufgebläht ist und über eine solche Fülle informeller Einflußmöglichkeiten verfügt, die eigenen Interessen mit Klauen und Zähnen zu verteidigen.

Darüber wacht aber nicht zuletzt auch eine große Mehrheit der Franzosen, die allen Änderungen oder Reformen, die sich auf ihre eingefleischten Lebensgewohnheiten auswirken könnten, energischen Widerstand entgegensetzen. Auch das ist ein Wesensmerkmal der französischen Geschichte, die friedliche Evolutionen, die einen bisweilen notwendigen, gründlichen Wandel bewirken, nicht kennt, sondern Revolutionen, die großen Lärm machen und viel Staub aufwirbeln und die, wenn sich alles wieder beruhigt hat, den Blick auf eine Landschaft freigeben, deren soziale und politische Topographie sich sehr vertraut ausnimmt.

Nur wer sich wandelt, bleibt sich treu: die Republik

Die Republik ist weiblichen Geschlechts, und in Frankreich heißt sie Marianne. Seit 1792 bewegt sie in Frankreich die Gemüter. Der Konvent beschäftigte sich damals mit der Frage der Gestaltung des neuen Staatssiegels. Eine Göttin mit der roten phrygischen Mütze, die in den Tagen der römischen Antike die Kopfbedeckung aufständischer Sklaven war, sollte das Symbol der neuen, der republikanischen Freiheit sein. Solche Symbole sind einer Revolution teuer, denn damit gilt es das Neue zu vergegenwärtigen, das mit ihr in die Welt kam. Was Wunder also, daß es schon damals Streit gab. Ausgerechnet der Weiberheld Danton sprach sich gegen eine solche Göttinnengestalt aus, Marat dafür. Marat obsiegte, wurde aber ironischerweise wenig später in der Badewanne sitzend von einer schönen Frau, von Charlotte Corday, erdolcht.

Ungeachtet der zahlreichen Schicksale der französischen Republik, seither symbolisiert Marianne die Republik. Auch für sie gilt: Nur wer sich wandelt, bleibt sich treu. In ihrem Fall sorgte der sich jeweils ändernde Geschmack der Zeit, sprich das jeweilige Selbstverständnis der Republik für diesen

Wandel: Die griechisch-römische Göttin, die sie zunächst darstellte, mutierte mal zu einer Harpyie, mal zu einer kriegerischen Amazone, mal war sie tröstende Mutter, mal hatte sie die Gesichtszüge von Brigitte Bardot, mal die von Laetitia Casta. Das einzige, was sie fast immer trug, war die phrygische Mütze mit der blau-weiß-roten Kokarde. Gelegentlich verschwand sie aber auch ganz. Napoleon ersetzte sie durch sein eigenes Cäsaren-Profil, und während der monarchischen Restauration war sie sowieso persona non grata. In der sehr kurzlebigen II. Republik erschien sie 1849 wieder auf den Briefmarken: als klassisches Profil, aber statt der phrygischen Mütze schmückte ihr Haar ein Ährenkranz. Im Zweiten Kaiserreich von Napoleon III. verschwand sie erneut, um zum 100. Jahrestag der Revolution am 14. Juli 1889 wieder aus der Versenkung aufzutauchen: Auf der Pariser *Place de la République* schmückt ihre Kolossalbüste seither eine Stele, und auf der *Place de la Nation* umspielen ihr ehernes Standbild allerlei nekkische Allegorien.

Das Vichy-Regime verbannte sie wieder so gründlich, daß sogar ihre Bronzebüsten eingeschmolzen wurden. Mit der Befreiung Frankreichs kehrte sie gleichsam am Arm de Gaulles zurück. Der entschied sich auch für den Entwurf von Pierre Gandon, dessen Marianne die Briefmarken der Nachkriegszeit zierten. Danach lieferte u. a. Jean Cocteau, der eine sehr knabenhafte Marianne zustande brachte, das Muster für diesen Zweck. Seit 1969 trägt Marianne die Züge des jeweiligen Idols weiblicher Schönheit. Auf Brigitte Bardot folgte Catherine Deneuve, die wiederum, ausgerechnet im 200. Jubeljahr der Revolution, der aus einer altaristokratischen Familie stammenden Inès de la Fressange weichen mußte, die ihrerseits von Laetitia Casta verdrängt wurde. Jetzt wird eine neue Marianne gesucht, deren Bild die Briefmarken der Dauerserie schmücken soll. Gefragt sind diesmal alle Franzosen. 50 000 sollen bereits Entwürfe eingesandt haben. Ah, *les femmes*!

Der Notwendigkeit, das Erscheinungsbild von Marianne hin und wieder zu aktualisieren, es einem Geschmackswandel anzupassen, lassen sich jedoch noch andere, tiefer gegründete Motive unterstellen. In Frankreich ist die Republik nicht einfach das Gegenteil dessen, was sie erklärtermaßen nicht sein will: eine Monarchie. Deshalb auch waltet in dieser Frage eine große Unsicherheit, über der sich rasch der Verdacht aufdrängt, den Franzosen wäre ein Zwitter zwischen Monarchie und Republik die gemäßeste Form der Verfassung, ein gewissermaßen staatsrechtliches Amphibium also, das im Lebensraum zweier so gegensätzlicher Elemente selbstverständlich zu Hause ist.

Mit seiner pragmatischen Inkonsequenz, mit der er es, wie man weiß, sehr weit brachte, hat Napoleon diese Frage seinerzeit exemplarisch entschieden. Als er sich im Dezember 1804 selbst zum Kaiser krönte, die bis dahin formal geltende republikanische Staatsordnung durch ihr Gegenteil, eine Erbmonarchie, ersetzte, begründete die Verfassung des *Empire* die Legitimation seiner Alleinherrschaft mit der Gnade Gottes *und* mit den Grundgesetzen der Republik! Das bringt das indische Sprichwort in Erinnerung, demzufolge man nicht die eine Hälfte eines Huhns braten, die andere Hälfte aber weiterhin Eier legen lassen könne. Tradition und Praxis der französischen Republik beweisen, daß dies sehr wohl möglich ist.

Die Mutmaßung ist alt und schon häufig geäußert worden, daß Frankreich den Vatermord, den die Revolution auf sich lud, nie verwunden hat. An Indizien dafür ist seither kein Mangel, denn immer wieder erlag man der Versuchung, sich einem starken Mann anzuvertrauen, unter dessen Herrschaft man sich um so ungestörter den Wonnen der Unmündigkeit hingeben konnte. So war es mit dem ersten und dem dritten Napoleon, so wäre es beinahe mit General Boulanger gewesen, der in den ersten Jahren der III. Republik diese ins Wanken brachte, weil er die Massen mit der *bella figura* faszinierte, die er auf seinem Rappen machte. Der »Tiger« Georges Clemenceau, der französische Staatspräsident vor und während des Ersten Weltkriegs, erfüllte im Rahmen der Verfassung diese Sehnsüchte ebenso wie ihnen auf seine Weise Philippe Pétain als Chef des »État français« von Vichy genügte. Und natürlich auch Charles de Gaulle, der sogar die Chance hatte, die Verfassung der V. Republik paßgenau auf seine Fähigkeiten und Wünsche wie auf die von ihm aus der französischen Geschichte gezogenen Lehren zuzuschneiden.

Sieht man von diesen unterschiedlichen Persönlichkeiten ab, mit denen sich zu ebenfalls unterschiedlichen Epochen die Sehnsucht nach dem starken Mann identifizierte, so bleibt dennoch die merkwürdig anmutende Konstante eines in Frankreich offensichtlich weitverbreiteten Verlangens nach einer cäsarischen Erscheinung, die, den je besonderen oder egoistischen Geltungsansprüchen der Parteien enthoben, das allgemeine Wollen zum Ausdruck bringt. Dieses Wollen kennt nur ein Ziel, ein Sehnen, das seinen einleuchtenden Ausdruck in dem Wunsch findet, das eigenen Huhn sicher im Topf zu haben. Das ist weit weniger polemisch oder gar verächtlich gemeint, als es klingt, sondern gibt nur zu bedenken, daß sich Völker außer in Kriegszeiten oder in solchen großer innerer Spannungen kaum für irgendwelche vermeintlich idealen Ziele begeistern.

Positiver Ausdruck dieser Ziele sind die unterschiedlichen Ideologien, die seit der Französischen Revolution, mit der die Franzosen der Menschheit bewiesen, daß sie nicht einem blinden Schicksal ausgeliefert ist, sondern vielmehr über Wohl und Wehe in freier Selbstbestimmung entscheiden kann, die Politik und die politischen Parteien fassonieren. Jede erhebt für sich den Anspruch, das einzig gerechte oder allen nutzende Lösungskonzept für gegenwärtige und zukünftige Fragen zu haben. Diese Ideologien waren im wesentlichen der Inhalt der Pandorabüchse, die von der Monarchie unter Verschluß gehalten und von der Revolution leichtfertig geöffnet wurde mit der unmittelbaren Folge, daß sie von ihren eigenen

Widersprüchen alsbald erstickt wurde. In solch wirrer Ausweglosigkeit, die auch die Geltungsansprüche der Parteien wie ihre Lösungsvorschläge rasch verkümmert, verspricht allemal der starke Mann Heil und Rettung, der dann seinerseits enttäuscht oder dessen man aus sonst einem Grunde überdrüssig geworden an Zustimmung verliert und den man deshalb so rasch wie möglich wieder loswerden will.

Dieses Hin und Her zwischen Revolution und Restauration kennzeichnete die französische Geschichte während des 19. Jahrhunderts und war auch das Erbübel, an dem die vier ersten Republiken krankten und dem sie schließlich alle zum Opfer fielen. Die V. Republik ist in gewisser Hinsicht die Quersumme all dieser Erfahrungen. Das erklärt ihre alles in allem erstaunliche elastische Stabilität, die sie seit ihrer Gründung bislang fünf in Stil und Besetzung sehr unterschiedliche Präsidialregime hat aushalten lassen. Das Geheimnis dieser elastischen Stabilität ist nicht schwer zu ergründen, auch wenn man es sich dabei nicht zu einfach machen darf, indem man sich mit dem Hinweis bescheidet, die V. Republik sei nichts anderes als eine Wahlmonarchie. Dafür spricht nicht zuletzt, daß der Elysée, der Sitz des Präsidenten, auch als *le Château*, das Schloß apostrophiert wird. Ein wenig komplizierter oder raffinierter ist es schon, denn auch ein guter Kuchen besteht aus mehr als nur aus Mehl, Eiern, Butter, Zucker und Milch.

Zutreffenderweise ist der Leitgedanke der V. Republik darin zu erkennen, daß der allmächtige Präsident für eine befristete Zeit – früher für sieben, heute für fünf Jahre – durch allgemeine Wahlen in sein Amt berufen wird. Das Verfahren, bei dem der mehrheitliche Wille aller Wähler sich auf eine Person konzentriert, verschafft dieser eine wesentlich unmittelbarere und damit auch stabilere Legitimation, als es beispielsweise jener Modus während der IV. Republik vermochte, als zusammengeschusterte Parlamentsmehrheiten die Präsidentschaftswahlen zu einem Kuhhandel machten. Die plebiszitäre Bestallung des Staatspräsidenten, die de Gaulle nach Beendigung des Algerienkriegs im Oktober 1962 durch eine Volksabstimmung gebilligt in die Verfassung einführte, ist ein altehrwürdiges bonapartistisches Konzept, das sich einer im Extremfall unpolitischen und notwendig undifferenzierten Polarisierung bedient, um im Ergebnis ein Höchstmaß an Stabilität und Legitimität zu erzeugen.

Das Exempel dafür liefert die französische Präsidentschaftswahl vom 21. April und dem 5. Mai 2002. Der erste Wahlgang, bei dem sich auch ein populärer Clown und eine Vielzahl politischer Narren vor allem aus dem Spektrum der politischen Linken, insgesamt dreizehn an der Zahl, um das höchste Staatsamt bewarben, hatte zwei Gewinner und einen Verlierer. Die Gewinner waren der bisherige Amtsinhaber Jacques Chirac, der einen Stimmenanteil von 19,88 Prozent erzielte, und der Kandidat der rechtsradikalen Partei des *Front National*, Jean-Marie Le Pen mit 16,86 Prozent; der Verlierer war der sozialistische Kandidat Lionel Jospin, der mit 16,18 Prozent lediglich den dritten Platz belegte und damit zur Stichwahl, die nur zwischen den beiden bestplazierten Kandidaten ausgetragen wird, nicht antreten konnte.

Dieser Wahlausgang löste zunächst große Ernüchterung aus, die aber sofort in eine stark emotionalisierte Erregung und Mobilisierung der Wähler umschlug, die in der Stichwahl am 5. Mai 2002 unter dem angesichts dieser Alternative besonders ausgeprägten Zwang einer unpolitischen und notwendig undifferenzierten Polarisierung dem bisherigen Amtsinhaber Chirac eine plebiszitäre Zustimmung von 82, 21 Prozent gegen 17,79 Prozent, die auf Le Pen entfielen, verschaffte. Ein solches Wahlergebnis hatte es seit den »gelenkten« Plebisziten von Napoleon I. und III. nicht mehr gegeben. In diesem Fall wurde die zwar verfassungskonforme, aber dennoch »objektive« Verfälschung des Wählerwillens durch die »schiefe« Alternative Chirac – Le Pen plebiszitär förmlich erzwungen.

Diese wahrlich absurd anmutende Präsidentschaftswahl

machte offenbar, was die bisherige Praxis der V. Republik gnädig verhüllt hatte, aber gleichzeitig ein wichtiges Element ihrer flexiblen Stabilität ausmacht: Der französische Wähler hat die Pointe dieses Regimes noch nicht durchschaut. Die wurde in guter alter bonapartistischer Tradition von de Gaulle derart formuliert, daß der Präsident die *volonté générale*, also den dem einzelnen nicht notwendig bewußten Willen der Nation *une et indivisible* verkörpert, während die Nationalversammlung in ihrer Zusammensetzung ein getreues Spiegelbild des unterschiedlichen gesellschaftlichen und politischen Wollens und Meinens darstellt.

In völliger Verkennung dieser Pointe votierten die Wähler im ersten Wahlgang für die Präsidentschaft, wie dessen Ergebnis zweifelsfrei zeigt, nach Lust, Frust oder Laune und verschwendeten damit ihre Stimmen an jene dreizehn aussichtslosen Narren, deren Ergebnisse zwischen 0,47 und 6,84 Prozent lagen, Stimmenanteile, die, wie die Stichwahl zeigte, bei der sich Le Pen um lediglich knapp einen Prozentpunkt verbessern konnte, vor allem dem sozialistischen Kandidaten Jospin fehlten.

Die plebiszitäre Direktwahl des Präsidenten verschafft diesem eine in der Verfassung so zwar nicht vorgesehene, aber in der Verfassungswirklichkeit um so selbstverständlichere Überlegenheit über den Regierungschef, der die praktische Politik leitet und verantwortet. Das ist mit den Bestimmungen, die für seine Ernennung und Entlassung gelten, so keineswegs eindeutig geregelt. Danach ist es zwar der Präsident, der den Premier ernennt, den er aber nur entlassen kann, wenn dieser zuvor den Rücktritt der gesamten Regierung eingereicht hat.

In der Praxis der V. Republik hat es sich indes eingespielt, daß der Präsident dem Premier seinen Wunsch übermittelt, eine neue Regierung zu bilden, was den dann dazu zwingt, den Rücktritt seines Kabinetts förmlich einzureichen. An diesem Verfahren ändert auch nichts, daß der Premier formal in doppelter Verantwortlichkeit steht: dem Präsidenten wie der

Nationalversammlung gegenüber, die ihn theoretisch mittels eines Mißtrauensvotums stürzen könnte, was bislang noch nie der Fall war. Gegen das Eintreten einer solchen Wahrscheinlichkeit spricht im übrigen, daß der Premier nach der Ernennung durch den Präsidenten keines parlamentarischen Votums bedarf, um sein Amt anzutreten und auszuüben. Also bedingt seine Verantwortlichkeit gegenüber dem Präsidenten eine wirkliche Abhängigkeit, während seine Verantwortlichkeit gegenüber der Nationalversammlung nur eine Legalfiktion ist.

Diese Praxis schafft aber auch Artikel 20 der Verfassung, der bestimmt, daß die Regierung die Politik der Nation formuliert und leitet, der aber eine lediglich dilatorische Geltung hat. Tatsächlich ernennt der Präsident den Premier erst dann, nachdem dieser ein Regierungsprogramm vorlegte, das präsidiale Billigung gefunden hat. Das bedeutet für den Premier keineswegs einen für seine Amtszeit gültigen Freibrief, sondern zwingt ihn im Interesse des eigenen politischen Überlebens zu steter Abstimmung mit dem Präsidenten. Bisweilen kann er damit in die Verlegenheit geraten, gegenüber dem Parlament eine Politik vertreten zu müssen, die nicht die rückhaltlose Billigung seiner eigenen Mehrheit findet.

Passiert ihm dies häufiger, verringert sich sein ohnehin schon geringer Spielraum noch mehr, und der Premier gerät darüber in eine Klemme, die sein politisches Überleben allein vom Wohlwollen des Präsidenten abhängig macht. Diese Entwicklung untergräbt seine Autorität in der Regierung zwangsläufig, was ehrgeizige Minister allemal in Versuchung führt, ihn zu überspielen. Ein solches Fegefeuer politischer Eitelkeiten ist Jean-Pierre Raffarin zeit seiner Zeit als Premier von Chiracs Gnaden als unentrinnbares Schicksal verhängt.

Ganz anders jedoch stellt sich das Kräfteverhältnis zwischen Premier und Präsident in Zeiten der *Cohabitation* dar, also immer dann, wenn die Parlamentsmehrheit eine politisch andere ist als die Präsidialmehrheit. Zu einer solchen, dem

Geist der Verfassungswirklichkeit der V. Republik eigentlich zutiefst widersprechenden, geradezu widernatürlichen Konstellation kam es bislang dreimal. Die längste Zeit, nämlich fünf Jahre, mußte Chirac seinen Fürwitz büßen, daß er im April 1997 die Nationalversammlung vorzeitig aufgelöst und Neuwahlen anberaumt hatte. Deren Ergebnis war eine sozialistische Mehrheit, die ihn dazu nötigte, Lionel Jospin zum Premier zu ernennen. Das verändert die Machtbalance zwischen beiden Gewalten beträchtlich, denn der Präsident kann nun nicht mehr die Regierungspolitik mit der latenten Drohung einer Regierungsumbildung und der Entlassung des Premiers unmittelbar beeinflussen, sondern sieht sich, will er eine Verfassungskrise vermeiden, mit Ausnahme der Außen- und der Verteidigungspolitik zur politischen Einflußlosigkeit verdammt. Das gilt um so mehr dann, wenn er es mit einem machtbewußten Premier zu tun hat, der die Geschlossenheit seiner parlamentarischen Mehrheit mit Umsicht pflegt und so alle Versuche des Präsidenten, die Umsetzung der Regierungspolitik zu verzögern, vereiteln kann.

Seit seiner Wiederwahl zum Staatspräsidenten im Mai 2002 verfügt Chirac auch über eine breite parlamentarische Mehrheit – das von ihm zu diesem Zweck geschmiedete Instrument firmierte unter dem programmatisch eindeutigen Namen »Union pour la Majorité présidentielle« (UMP) –, die es ihm wieder erlaubt, über alles selbst zu entscheiden, was sein Premier dann der Nationalversammlung und der Öffentlichkeit gegenüber zu vertreten hat. Auch über die Zusammensetzung des Kabinetts wird nicht im Matignon, dem Sitz des Premiers entschieden, sondern im Elysée. Ob ein Premier allerdings mit sich derart umspringen läßt, ist keine Frage der Verfassung, sondern seines Temperaments und seiner Statur.

Gerade eine große Parlamentsmehrheit könnte nämlich für einen politisch ehrgeizigen Premier eine Versuchung sein, dadurch seinen Spielraum zu erweitern und sein Profil zu schärfen, wenn er sich den Wünschen des Präsidenten widersetzt, was u. a. erklärt, warum Chirac nicht seinen ungeliebten Prätendenten auf die Präsidentschaft, Nicolas Sarkozy, zum Premier bestellte, sondern den eher schwachen Raffarin. Zwar hat der Präsident immer die Möglichkeit, seinen Premier zu entlassen, aber dabei ist die Gefahr, sich selbst zu schaden desto größer, je mächtiger oder populärer dieser ist.

Jede Monarchie braucht ihren Adel, auch eine »Präsidialmonarchie« macht davon keine Ausnahme. Das Frankreich des Ancien régime hatte den alten Adel, den »Schwertadel«, die *noblesse d'epée*, dem sich im späten 16. Jahrhundert die *noblesse de robe*, der sich aus dem Bürgertum rekrutierende Amtsadel, hinzugesellte. Dieser Amtsadel bildete die Funktionselite der königlichen Bürokratie und stellte auch die Richter und Ankläger an den Gerichtshöfen. Auch dieser Adel, in dessen Genuß man gelangte, wenn man sich eine entsprechende Funktion kaufte, war erblich: Amt und Titel gingen gegen eine erneute Zahlung an den Sohn über, so daß sich regelrechte Amtsadelsdynastien bildeten, die durch Einheirat mit dem Schwertadel verschmolzen.

So weit ist es unter der Republik zwar noch nicht gekommen, aber diese besitzt in der »Enarchie« ihre Funktionselite, deren Mitglieder fachlich hochqualifiziert, vielfältig einsetzbar und durch einen ordensmäßigen Corpsgeist zusammengeschweißt sind. Diese Funktionselite wird von der vielbewunderten und vielbeneideten ENA, der *École Nationale d'Administration*, der mit Abstand angesehensten der *Grandes Écoles*, maßkonfektioniert und in regelmäßigen, sorgfältig ausgesiebten Kontingenten von alljährlich 110 Absolventen geliefert.

Die Hürden, die es zu überwinden gilt, um die siebenundzwanzig Monate dauernde Eliteausbildung der ENA genießen zu können, sind derart, daß sie sich nur mit großer Intelligenz und der weniger schönen menschlichen Eigenschaft eines unbändigen Strebertums überwinden lassen. Wer an diesen scheitert, ist vermutlich für sein Leben gezeichnet. Wem es aber gelingt, einer der Absolventen zu sein, dem stehen alle

Türen in den Führungsetagen von Staat und Wirtschaft weit offen, der kann für den Rest seines Lebens die Rolle einer diplomierten und prämierten Primadonna spielen.

Wie jeder Adel kennt die »Enarchie« ihre genau abgestuften Rangordnungen, ihre Kasten, in die man früh durch brillante schulische Leistungen eintritt und aus denen man sein Leben lang nicht mehr herauskommt. D. h. es ist von vorneherein ausgeschlossen, im späteren Leben in eine höhere Kaste, einen übergeordneten Adelsrang aufzusteigen. Die Fürsten dieser Adelspyramide, also die Elite der Elite, sind die »Inspecteurs de Finance«, von denen es in Frankreich derzeit rund 290 gibt. Zugang zu dieser obersten Gruppe der »Halbgötter« haben jeweils nur die vier oder fünf besten Absolventen eines jeden ENA-Jahrgangs. Sie tragen diesen Titel, weil sie sofort in der »Inspection générale des Finances« des schier allmächtigen Finanzministeriums unterkommen, gleichsam die hohe Schule der Macht in Frankreich.

Wer hier eintritt, hat Karriere gemacht, denn ihm stehen nach einigen Jahren der Tätigkeit entweder in der Politik oder in der Wirtschaft die Türen zu den höchsten Führungsetagen weit offen. Um nur einige Beispiele zu nennen: Der jüngste Präsident der Französischen Republik, Valéry Giscard d'Estaing, war »Inspecteur de Finance«, ebenso wie vier Ministerpräsidenten der V. Republik: Jacques Chaban-Delmas, Maurice Couve de Murville, Michel Rocard und Alain Juppé. Selbstverständlich werden auch die größten französischen Wirtschaftsunternehmen und Banken von ehemaligen »Inspecteurs de Finance« geleitet. In die Privatwirtschaft zieht es sowieso über kurz oder lang die meisten dieser »Halbgötter«, denn hier läßt sich nicht nur Macht ausüben, sondern auch richtig viel Geld verdienen, eine Versuchung, gegen die auch und gerade die Elite der Elite nicht gefeit ist.

Auch wer nicht zu dieser einsamen Spitze gehört, jedoch unter den ersten 15 Absolventen eines ENA-Jahrgangs rangiert, muß sich um seine Zukunft keine Sorgen machen, denn er kann den »Conseil d'État« oder auch die »Cour des Comptes« als Sprungbrett für die weitere Karriere in Politik oder Wirtschaft nutzen. Manchem gelingt es auch, auf diesem Weg bis an die Spitze vorzustoßen. Das ist schwierig, denn die Kasten wachen eifersüchtig darüber, daß keiner, der nicht dazugehört, nach den Früchten greift, die nur ihnen zustehen. Wer nicht zu jenen 15 besten zählt, hat dennoch eine auskömmliche, krisensichere und ehrenhafte Zukunft vor sich, kann die Laufbahn eines Präfekten oder eines Diplomaten einschlagen, wird in den oberen Rängen der Verwaltung sein Auskommen finden.

Allerdings ist die Behauptung dieser Posten immer auch vom politischen Konjunkturverlauf abhängig, bringt überdies für ihre Inhaber den gravierenden Nachteil häufiger Ortswechsel durch Versetzung mit sich und ist mit lästigen Repräsentationsverpflichtungen verknüpft. Dieser Mühle zu entrinnen und in die höheren Regionen vorzustoßen, gelingt nur selten. Die weiteren Absolventen, etwa von Rang 40 an abwärts, verschwinden für den Rest ihres Lebens in der »administration civile«, also im großen staatlichen Beamtenapparat, gelten ihren Studienkollegen, die besser abgeschnitten haben, fortan als »sous-hommes«, als »Untermenschen«. Aber auch bei dieser gewissermaßen niederen »Noblesse d'État« werden noch Rangunterschiede gemacht, unterscheiden sich diejenigen, die ein vergleichsweise besseres Examen abgelegt und beispielsweise als »Administrateur civil au Trésor« oder »au Budget« angefangen haben, von denen, die in der wenig prestigeträchtigen Sozial- oder Gesundheitsverwaltung unterkamen.

All diese feinen Rangunterschiede, die letztlich nur den Enarchen plausibel sind, werden von diesen genauestens beachtet und auf den Punkt respektiert. Wer sich beispielsweise auf Grund seines Abgangszeugnisses gleichqualifiziert weiß, wird deshalb so gut wie nie den Posten eines Stellvertreters akzeptieren, wenn der Chef eine entsprechende Qualifikation hat. Nicht so sehr deshalb, weil ihm dies möglicherweise den baldigen Aufstieg verbaute, sondern er sich damit selber deklassierte. Hinzu kommt, daß einzelne Unternehmen, die ganz oder teilweise in Staatsbesitz sind, gewissermaßen zur Domäne der »Inspection générale des Finances« gehören, d. h. hier keiner sich auf einen Spitzenposten Hoffnung machen kann, der nicht zur Creme der »Inspecteurs de Finance« zählt.

Dieses an chinesische Mandarine erinnernde starre und undurchlässige System bei der Besetzung von Führungsposten in Staat und Wirtschaft brauchte, um sich in dieser üppigen Form zu entwickeln, ein wohltemperiertes und geschütztes Biotop, das ihm kein anderer als de Gaulle bereitete, der 1945 die ENA gründen ließ. Der naheliegende Gedanke dafür war das klägliche Versagen der politischen Elite in Frankreich im Jahr 1940. Das durfte sich nicht wiederholen. Um das von vorneherein zu vermeiden, galt es eine eigene, staatlich diplomierte und republikanisch gesinnte Funktionselite zu schaffen, mit der die moralisch und politisch bankrotten Notabeln, die Frankreich bislang verwaltet und kontrolliert hatten, endgültig von den Belangen des Staates ferngehalten werden konnten.

Die Idee de Gaulles war aber keineswegs so neu oder originell wie immer behauptet; tatsächlich folgte er nur einem Vorbild, das Napoleon mit dem *Conseil d'État* gegeben hatte, ein Beratungsgremium, das mit von ihm ausgesuchten und auf ihrem jeweiligen Feld ausgewiesenen Fachleuten besetzt war und in völliger Widerspruchsfreiheit selbst ihm gegenüber debattieren durfte. Neben Vollmitgliedern hatte dieser *Conseil* auch zahlreiche besoldete Hilfskräfte, die *auditeurs*, junge, talentierte Leute, die vorzugsweise der Oberschicht entstammten und die ihren juristischen oder kameralistischen Schliff erhielten, ehe sie Führungsaufgaben in der napoleonischen Zivilverwaltung übernahmen. Die Überlegungen, von denen sich Napoleon dabei leiten ließ, waren die nämlichen, die auch de Gaulle anstellte, eine dem *Empire* gegenüber loyale und hocheffiziente Funktionselite heranzubilden, die seinem Regime für vielfältige Zwecke zur Verfügung stand.

Zwischen diesem napoleonischen Vorbild und der Kopie de Gaulles gibt es aber noch eine weitere Parallele, die in unserem Zusammenhang sehr bedeutsam ist. Napoleon brauchte vor allem deshalb eine große und hochqualifizierte Verwaltung, weil er unbedingter Anhänger einer staatlich gelenkten Wirtschaft war, da es sich seiner Überzeugung nach nur so gewährleisten ließ, daß sich das private Gewinnstreben den Interessen des Staates bedingungslos unterordnete.

Eben diese Überlegung leitete auch de Gaulle, der 1945 die französischen Schlüsselindustrien entweder verstaatlichen ließ – das gilt insbesondere für den Bereich der Energiewirtschaft – oder diese durch strikte Kontrollen sowie die Vorgabe von Produktionszielen einer Staatsaufsicht unterstellte. Aber selbst Branchen wie beispielsweise das Bauwesen, die chemische Industrie, der Maschinen- und Apparatebau, die in privatem Eigentum blieben, waren unmittelbar vom Staat abhängig, weil der als der größte Kunde auftrat. Dieser auf die akute Notlage der Nachkriegszeit zugeschnittene Staatskapitalismus, der nur zum Teil dem Umstand folgte, daß die Kommunisten damals unverzichtbare und mächtige Koalitionspartner waren, entsprach mithin einem sehr »französischen Reflex«, der in der Vichy-Zeit vorgeherrscht hatte und deshalb bereits eingespielt war.

Zu Beginn der fünfziger Jahre verfügte der französische Staat über ein umfassendes Steuerungssystem der Wirtschaft, mit dem er die Investitionen, das Banken- und Kreditwesen, Löhne und Preise sowie den Außenhandel kontrollieren konnte. Das dazu erforderliche Fachwissen erleichterte es sehr, dem »unzünftigen« Parlament eine Mitsprache in den Bereichen Finanzen und Wirtschaft vorzuenthalten, eine Absicht, die durch einschneidende Beschränkung des parlamentarischen Haushaltsrechts weiter befördert wurde. Mit dieser längst nicht mehr mit irgendwelchen Not- oder

Zwangslagen zu motivierenden Ausweitung direkter Interventionsmöglichkeiten eignete sich der Staat eine Globalsteuerung an, in der die Verwaltung nach Belieben schalten und walten konnte. In den Schlüsselpositionen der staatlichen Bürokratie saßen jetzt immer häufiger die erfolgreichen Absolventen der ENA oder der »Haute École Polytechnique«, die jetzt praktisch umsetzen konnten, was ihnen zuvor eingetrichtert worden war: Nur der Staat verfüge über die wahrhaft selbstlose Qualifikation, Fortschritt und Innovation nicht nur im Bereich der Wirtschaft, sondern auf allen Feldern gesellschaftlicher Aktivitäten zu gewährleisten.

Diese »Engführung« einer »aufgeklärten« staatlichen Verwaltung und gesellschaftlicher Entwicklung im weitesten Sinne, auf deren allein seligmachende Effizienz und Plausibilität die ENA-Absolventen eingeschworen waren, fügte sich vortrefflich in das tradierte republikanisch-jakobinische Staatsverständnis, dessen Legitimation sich auf die *volonté générale* beruft, der sich die Einzelinteressen der Bürger unterzuordnen haben. Dank dieses Modells konnte Frankreich bemerkenswerte Leistungen erzielen. Es fragt sich aber, ob dessen Kosten und Nutzen weiterhin noch politisch vertretbar sind, seitdem immer deutlicher wird, daß dies wirtschaftlich eher zweifelhaft ist. Fraglich scheint zum weiteren, ob die französische Eigenart einer Verwaltungsaristokratie, die einer demokratischen Kontrolle ihres Treibens weitgehend entzogen ist und sich mit Elitebewußtsein wirksam gegen alle Erfahrungen der gesellschaftlichen Wirklichkeit abschottet, der republikanischen Weisheit letzter Schluß sein kann.

Schließlich fehlt es nicht an einschlägigen Beispielen für deren eklatantes Versagen. Die Milliardenverluste, die in den letzten Jahren der Crédit Lyonnais, Vivendi, Alstom oder France Télécom »erwirtschafteten«, hatten ausnahmslos Chefs zu verantworten, die »Inspecteurs de Finance« waren. Gewiß, dagegen ist selbst eine hochtrainierte Elite nicht gefeit, aber was daran verstörte, war die enorme Verantwortungslosigkeit, die zum Vorschein kam, eine Erkenntnis, die anderswo einen Aufschrei der Öffentlichkeit provoziert hätte. Hier, so scheint es, nimmt man daran nicht sonderlich Anstoß, gilt es sich doch in der republikanischen Tugend zu üben und sich über eigene Versäumnisse, die einen selbst nicht unmittelbar betreffen, nicht aufzuregen.

Auch das ist keineswegs neu. In dem schon 1856 erschienenen, aber noch heute als Standardwerk zum Verständnis Frankreichs gültigen Werk L'Ancien Régime et la Révolution bemerkte Alexis de Tocqueville: »Die Franzosen anerkannten als eine ideale Gesellschaft ein Volk, das keine andere Aristokratie aufwies als die der Verwaltungsbeamten, eine einheitliche und allmächtige Bürokratie, die den Staat leitet und gleichzeitig jeden einzelnen bevormundet.« Tatsächlich hat Frankreich im Vergleich zu anderen Ländern mit weitem Abstand den größten Beamtenapparat, dessen Besoldung einschließlich der Pensionen jedes Jahr rund 40 Prozent des Staatshaushalts verschlingt! Das ist der Preis, den sich Frankreich eine Zentralisierung kosten läßt, die den Bürger weitgehend entmündigt.

Diesem Übergewicht einer dem demokratisch-parlamentarischen Verständnis »unverantwortlichen« Bürokratie, die Staat und Gesellschaft nach ihren Maßgaben steuert und deren vorgeblich sachrationales Handeln sich geradezu als eine Art von »Nebenverfassung« qualifizieren läßt, steht bezeichnenderweise ein Parteiensystem gegenüber, das vor allem durch Schwächen charakterisiert ist. Mit Ausnahme der Kommunisten, unterdessen allerdings auf die Größe einer Splitterpartei geschrumpft, weil ihnen die Wähler die allzulang gewahrte Nibelungentreue zu Moskau verargten, hat keine der politischen Parteien irgendeine engere Bindung zu einer der großen gesellschaftlichen Organisationen, seien es nun Gewerkschaften, der Unternehmerverband oder, Gott behüte!, die Kirche. Abgesehen von ihrer weltanschaulichen Grobdifferenzierung in Konservative, Liberale und Sozialisten weisen sie ihre prägenden Merkmale mehr als Sammlungsbewegungen denn als Parteien aus. Ihre Organisationsstruktur auf nationaler Ebene ist, verglichen mit dem deutschen Parteiensystem, marginal, weshalb auch die Zahl ihrer eingeschriebenen Mitglieder, der *militants*, eher bescheiden und außerdem starken Schwankungen ausgesetzt ist.

Zu den weiteren Merkmalen der französischen Parteien gehört ihre strukturelle Traditionslosigkeit. Der *Parti Socialiste* (PS) beispielsweise firmierte bis 1969 unter dem alten Kürzel S.F.I.O., *Section française de l'Internationale ouvrière*, aber erst François Mitterrand zog die mit diesem Namenswechsel beabsichtigten programmatischen Konsequenzen, als er auf dem Parteikongreß von Epinay im Juni 1971 deren Führung an sich brachte. Die solchermaßen an Haupt und Gliedern reformierte PS wie auch das Wahlbündnis, das Mitterrand ein Jahr später mit den Kommunisten schmiedete, die damals die stärkere Kraft auf der Linken waren, verschaffte ihm 1981 den Sieg in den Präsidentschaftswahlen. Kaum hatte er dieses Ziel erreicht, vernachlässigte er die Partei mehr und mehr mit der Folge, daß die Sozialisten am Ende seines zweiten Septennats heillos zerstritten waren.

Noch deutlicher sind die Zeichen einer bloßen Sammlungsbewegung bei der derzeitigen Mehrheits- und Präsidialpartei UMP, der *Union pour une Majorité présidentielle,* ausgeprägt, wie allein schon deren Name beweist. Die UMP, ein Kürzel, das Spötter auch als *Union de la Mafia des Patrons* deuten, wurde von Jacques Chirac erst 2002 ins Leben gerufen, um jene gemäßigt konservativen Kräfte für seine Wiederwahl als Staatspräsident einzubinden, die sich nicht als »Neo-Gaullisten« begriffen.

Etwas ähnliches, aber mit weit weniger Erfolg hatte bereits Giscard d'Estaing versucht, als er im Februar 1978 die UDF, die *Union pour la démocratie française*, ein loses Bündnis verschiedener Kleinparteien gründete, mit deren Unterstützung er seine Wiederwahl als Staatspräsident 1981 sichern wollte.

Giscard sah sich damals zu diesem Schritt gezwungen, weil sein einstiger Verbündeter Jacques Chirac, der unterdessen zum innerparteilichen Konkurrenten wurde, ihm 1976 nicht nur den Bettel als Premierminister hinwarf, sondern sich gleichzeitig den gaullistischen Wahlverein, die damalige UDR, *Union des démocrates pour la Ve République*, als deren Chef kaperte.

Als gewiefter Machtpolitiker taufte Chirac diesen Verein sogleich auf einen neuen Namen: RPR, *Rassemblement pour la République*, »Sammlungsbewegung für die Republik«. Der neue Parteiname wurde keineswegs deshalb gewählt, weil der Bestand der Republik in Gefahr war, sondern allein deshalb, weil das neue Kürzel an den alten, von de Gaulle 1947 in die Welt gesetzten RPF, *Rassemblement du peuple français*, erinnern sollte...

Allein schon diese Mätzchen sprechen Bände über Funktion und Bedeutung der Parteien in der V. Republik. Sie geben sich ausnahmslos als Wahlbündnisse zu erkennen, die einander nicht unähnliche politische Strömungen hinter einem Kandidaten und nicht einem Programm zu bündeln suchen. Hat der jeweilige Kandidat sein Ziel erreicht und ist als Staatspräsident mit demokratischem Öl zum republikanischen Monarchen gesalbt worden, nutzen ihm diese Wahlvereine nur noch als Mehrheitsbeschaffer in der Nationalversammlung insofern, als sie ihm eine allenfalls lästige *Cohabitation* ersparen.

Mit anderen Worten: Die politische Daseinsberechtigung der Parteien in der V. Republik ist ganz wesentlich mit der Eroberung der Präsidentschaft verbunden. Haben sie diesem Daseinszweck erfolgreich Genüge geleistet, werden sie zu bloßen demokratischen Dekorationen, die es braucht, um dem Wahlvolk das Gefühl zu geben, es sei, wie immer versprochen, der eigentliche Souverän und zöge mit am Karren der *République une et indivisible*.

Bereits erschienen:

Gebrauchsanweisung für ...

Alaska
von Dirk Rohrbach

die Alpen
von Bene Benedikt

Amerika
von Paul Watzlawick

Amsterdam
von Siggi Weidemann

Andalusien
von Paul Ingendaay

Apulien und die Basilikata
von Maria Carmen Morese

Argentinien
von Christian Thiele

Australien
von Joscha Remus

Bali
von Thomas Blubacher

das Baltikum
von Sabine Herre

Barcelona
von Merten Worthmann

Bayern
von Bruno Jonas

Berlin
von Jakob Hein

Brasilien
von Peter Burghardt

die Bretagne
von Jochen Schmidt

Brüssel und Flandern
von Siggi Weidemann

Budapest und Ungarn
von Viktor Iro

das Burgenland
von Andreas Weinek und Martin Weinek

Burma / Myanmar
von Martin Schacht

China
von Kai Strittmatter

Deutschland
von Wolfgang Koydl

Dresden
von Christine von Brühl

Dubai und die Emirate
von Felicia Englmann

Düsseldorf
von Harald Hordych

England
von Heinz Ohff

Finnland
von Roman Schatz

Frankfurt am Main
von Constanze Kleis

Frankreich
von Johannes Willms

den Gardasee
von Rainer Stephan

Griechenland
von Martin Pristl

Hamburg
von Stefan Beuse

den Harz
von Jana Thiele

Indien
von Ilija Trojanow

Irland
von Ralf Sotscheck

Island
von Kristof Magnusson

Israel und Palästina
von Martin Schäuble

Istanbul
von Kai Strittmatter

01/0001/18/L

Italien
von Henning Klüver

Japan
von Andreas Neuenkirchen

Kalifornien
von Heinrich Wefing

Kapstadt und Südafrika
von Elke Naters und Sven Lager

Katalonien
von Michael Ebmeyer

Kathmandu und Nepal
von Christian Kracht und Eckhart Nickel

Köln
von Reinhold Neven Du Mont

Korsika
von Jenny Hoch

Kroatien
von Jagoda Marinić

Kuba
von Jürgen Schaefer

Leipzig
von Bernd-Lutz Lange

London
von Ronald Reng

Los Angeles
von Rainer Strecker

Mailand mit Lombardei
von Henning Klüver

Mallorca
von Wolfram Bickerich

Mecklenburg-Vorpommern und die Ostseebäder
von Ariane Grundies

Moskau
von Matthias Schepp

München
von Thomas Grasberger

Münster und das Münsterland
von Jürgen Kehrer

Neapel und die Amalfi-Küste
von Maria Carmen Morese

Neuseeland
von Joscha Remus

New York
von Verena Lueken

Niederbayern
von Teja Fiedler

Nizza und die Côte d'Azur
von Jens Rosteck

Norwegen
von Ebba D. Drolshagen

Ostdeutschland
von Jochen Schmidt

Österreich
von Heinrich Steinfest

Paris
von Stephen Clarke

Peru
von Ulrike Fokken

Polen
von Radek Knapp

Portugal
von Eckhart Nickel

Potsdam und Brandenburg
von Antje Rávic Strubel

Prag und Tschechien
von Martin Becker

Rom
von Birgit Schönau

01/0002/18/R

Rügen und Hiddensee
von Holger Teschke

das Ruhrgebiet
von Peter Erik Hillenbach

Rumänien
von Jochen Schmidt

Salzburg und
das Salzburger Land
von Adrian Seidelbast

Sardinien
von Henning Klüver

Schottland
von Heinz Ohff

Schwaben
von Anton Hunger

den Schwarzwald
von Jens Schäfer

Schweden
von Antje Rávic Strubel

die Schweiz
von Thomas Küng

Sizilien mit den
Liparischen Inseln
von Constanze Neumann

Spanien
von Paul Ingendaay

Stuttgart
von Elisabeth Kabatek

Südfrankreich
von Birgit Vanderbeke

Südtirol
von Reinhold Messner

Sylt
von Silke von Bremen

Thailand
von Martin Schacht

Thüringen
von Ulf Annel

Tibet
von Uli Franz

die Toskana
von Barbara Bronnen

die Türkei
von Iris Alanyali

Umbrien
von Patricia Clough

die USA
von Adriano Sack

den Vatikan
von Rainer Stephan

Venedig mit Palladio und
den Brenta-Villen
von Dorette Deutsch

Vietnam, Laos
und Kambodscha
von Benjamin Prüfer

Washington
**von Tom Buhrow
und Sabine Stamer**

die Welt
von Andreas Altmann

Wien
von Monika Czernin

Zürich
von Milena Moser

und außerdem für ...

das Boxen
von Bertram Job

den FC Bayern
von Helmut Krausser

die Formel 1
von Jürgen Roth

das Münchner
Oktoberfest
von Bruno Jonas

01/0003/18/L